中华先贤人物故事汇

白居易

赵银芳 著

中华书局

图书在版编目(CIP)数据

白居易/赵银芳著. —北京:中华书局,2023.6(2024.11 重印)
(中华先贤人物故事汇)
ISBN 978-7-101-13749-1

Ⅰ.白…　Ⅱ.赵…　Ⅲ.白居易(772~846)-生平事迹
Ⅳ.K825.6

中国版本图书馆 CIP 数据核字(2019)第 019199 号

书　　名	白居易	
著　　者	赵银芳	
丛 书 名	中华先贤人物故事汇	
责任编辑	董邦冠	
美术总监	张　旺	
封面绘画	张　旺	
内文插图	王　洋	
责任印制	管　斌	
出版发行	中华书局	
	(北京市丰台区太平桥西里 38 号　100073)	
	http://www.zhbc.com.cn	
	E-mail:zhbc@zhbc.com.cn	
印　　刷	三河市宏达印刷有限公司	
版　　次	2023 年 6 月第 1 版	
	2024 年 11 月第 6 次印刷	
规　　格	开本/787×1092 毫米　1/32	
	印张 4⅝　插页 2　字数 50 千字	
印　　数	14001-16000 册	
国际书号	ISBN 978-7-101-13749-1	
定　　价	20.00 元	

出版说明

孔子周游列国，创立儒家学说；张骞出使西域，开辟丝绸之路；书圣王羲之，留下了曲水流觞的佳话；诗仙李白，写下了"举头望明月，低头思故乡"的名篇；王安石为纠正时弊，推行变法；李时珍广集博采，躬亲实践，编撰医药学名著《本草纲目》……

这些杰出的历史人物，有的是在中华民族文明进程中做出过突出贡献、对后世产生过巨大影响的思想家、政治家，有的是对中华优秀传统文化的传承传播发挥过重大作用的文学家、艺术家、科学家，有的是为国家安定统一、民族融合团结和中外文化交流做出过杰出贡献的军事家、外交家……他们为中华民族的繁荣发展做出了伟大的贡献，他们的行为事迹、风范品格为当世楷模，并垂范后世。

他们是中华民族的先贤人物。他们的思想、品德、事迹，是中华优秀传统文化的结晶；他们的故事，是对中华民族的禀赋、特点和气质最生动、最鲜活的阐释；他们的名字，在五千年中华文明史上最为光彩夺目；他们为五千年中华文明史书写了最为光辉灿烂的篇章。

为了解先贤，走近先贤，我们精心组织编写了这套《中华先贤人物故事汇》丛书，以翔实可靠的史料为依据，细腻动人的故事为载体，真实地呈现中华先贤人物的事迹、品格和精神风貌，彰显他们的贡献和功绩，激发人们对国家民族的热爱，对中华文明、中华优秀传统文化的崇敬。

开卷有益，期待这套丛书成为你的良师益友。

目 录

导 读

　　白居易（772—846），字乐天，号香山居士，又号醉吟先生，唐代著名诗人。他是一位高产诗人，现存诗歌二千八百余首，数量在唐代诗人中首屈一指。白居易的诗歌关注现实生活，往往将日常化入诗中，语言平易晓畅，清晰生动，王公贵族、下里巴人无不口熟能诵。

　　白居易主张"文章合为时而著，歌诗合为事而作"，有强烈的现实主义情怀，他以诗歌为武器，毕生为国、为民、为生活歌与呼。白居易的诗自分为"讽喻""感伤""闲适""杂律"四类。讽喻诗，如《秦中吟》《新乐府》等，歌咏生民病痛，指斥时弊；感伤诗，如《长恨歌》《琵琶行》等，缘情而发，哀婉绵长；闲适诗吟咏性情，怡然自得；杂律则包揽新诗各体，佳作琳琅。其中，讽喻诗抒发其兼济天下之志，闲适诗则强调独善其身之意。他有热切的现实关怀，又能游刃有余地穿行于儒、道、佛之间。继陶渊明之后，白居易为后世知识分子铸造了又一个仕与隐之间的精神家园。

白居易三登科第，做过校书郎、京畿县尉、左拾遗、翰林学士、江州司马、三州刺史、中书舍人、河南尹、刑部尚书……无论官职高低，他都勤勤恳恳，忠于职守，怀着报效国家、体恤百姓的追求，在各个岗位上都颇有政绩。而这些为官为政的心情，又经常流露在他的诗歌当中。

白居易的作品还传播到日本、新罗等地，俘获了外国读者的心。日本嵯峨天皇特意在宫里设置了《白氏文集》的侍读官，带领大家读白诗，鸡林国（今朝鲜半岛附近）的宰相不惜重金搜罗他的诗篇……

他的名字至今仍活跃在中、日、朝、韩等国的文化当中。

居易弗易

一

　　这是大唐贞元五年（789）的盛夏。红彤彤的太阳徐徐滑下山坡，将衢州城的天幕渲染成一块五彩斑斓的薄绸。

　　一个青年守着酷暑，在家中挥洒翰墨。他十七八岁的模样，容貌清秀，白绢搭头，鸡距笔牢牢攥在指间，肘动手移，素笺上便冒出行行"小银钩"。他正在誊写一封书信。在他的身后，两个家僮扯着一卷长长的书轴呆立着，上面密密麻麻写满了诗，"赋得古原草送别"几个字格外醒目。

　　"居易，居易！"

一位花甲老人在夫人的搀扶下朝这边走来。

"父亲大人有何吩咐？"

青年匆匆走上前来，朝老者行礼。

"吾儿可知何为'行卷'？"老者问道。

"科考应试之前，早早地将自己的得意之作写成卷轴，投谒名公巨卿，希求赏识和推荐。这等大事，孩儿岂能不知。"青年道。

父亲点头，接着问道："行卷时所需之物甚多，除了佳作，拜谒书信可曾准备？曾在天朝秘书省记录政务、编撰国史的前著作佐郎顾况大人路经衢州，此乃千载难逢的良机。为父陪你去可好……"

这话被一阵剧烈的咳嗽声打断了，老者弯下腰，喘着粗气。夫人连忙扶他坐下，一边帮忙抚背，一边温和地对儿子说："你知道的，父亲是为你好。"

这个被唤作"居易"的青年一阵自责。老父亲明经出身，为人正直，任徐州彭城县令时，平叛护民，颇有政绩。无奈不在高位，对儿子的事心有余而力不足。眼下，儿子的前途成为压在他心头的一块巨石。

"唉，母亲！"提起母亲，他就心酸不已。端庄、善良的母亲八岁丧父，十五岁就嫁出来做续弦妻子，比父亲小了整整二十六岁，老夫少妻，常常被人议论。在她的内心深处，最期待的是儿子们能有出息，让她挺直腰杆，扬眉吐气。

此时的朝廷选士，尤其是进士科，采用的是推荐和考试相结合的方式。学子们不得不走出书斋，四下寻求豪贵之人的青睐。连李白、杜甫那样的天纵英才，都"朝叩富儿门，暮随肥马尘"，到处干谒公卿，希望他们提携或向礼部推荐自己。白家虽为官宦世家，却并非显贵，朝中无人。父亲年衰，恐要在别驾这类职位上蹉跎终老。没有王侯将相或有文学声望的人相助，纵是酒香，恐怕也要埋没在深巷之中。

想到此，青年不禁忧心如焚。他向父亲母亲施了一礼，说："孩儿不孝，让二老操心了。不敢劳父亲大驾，顾大人借住衢州一事，孩儿已打探清楚。行卷所需的诗文卷轴、自家名帖、求见书信以及奉币，一应齐全，这就出发。"

二

暮色四合，青年胯下的驴子跑得十分轻快，他不禁抓紧了口袋，里面除了有关系到自己前途的诗卷、书信等，还有他刚才向父亲提到的奉币，那是母亲为了他拜谒通畅，悄悄给他，让他伺机塞给达官贵人家的下人的。

"必须在天黑之前赶到顾大人借住的刺史府。"青年在心中默念。

"公子，您见过这位顾况大人么？听说他自视甚高，连权贵都不屑一顾，动辄嘲笑别人，在京城得罪了不少人呢！"家僮在后面一路小跑，不忘跟主人唠叨两句。

"素昧平生，仅读过其诗。"

"小的愚见，这著作佐郎也不算什么大官儿，而且已经被贬了，也未必能起大作用。"

"顾大人是大才子，早在入朝之前，就已经名满天下了，他在江南俊杰中更是享有盛誉，若肯垂爱，自然是幸运之事！"

主仆二人对答间，刺史府已在眼前了。

"来者何人？"一声大喝，惊得驴子差点脱了缰绳。

"别驾白季庚大人家的公子——白居易！"家僮忙将门人拉到暗处，把那袋奉币塞进他的怀里，惴惴不安地报明来意。白居易也翻身下了坐骑，恭敬地奉上所携之物。对方打量了他们半天，接了来物，扭头禀报去了。

三

顾况刚从刺史宴上下来，天热，再加上多喝了点酒，便想起往日不愉快之事，不禁叹道："一生肝胆向人尽，相识不如不相识。朝廷竟用'著作佐郎'这样的官职来打发我，我怎会稀罕。长安虽繁华，也多是非，不如离开，这一路走，一路宴饮，不像是被贬官，倒像是归了自然，快哉！"

正在此时，有人来报："衢州白季庚别驾之子求见。"

顾况头也不抬，不耐烦道："哪个白季庚？不曾听说，不见。"

"听说这白公子倒有些才华，要不，大人考考他？"下人三言两语，激起了顾况的好奇心。

"哦？衢州这偏远之地竟然也有高才，带他进来。"说完，顾况研墨，铺纸。不待纸张全开，便抓起大笔，在纸上涂画起来。

刚刚进门的白居易恰巧看到了这一幕，他站立一旁，心想：想必这黄衫贵人就是顾著作，怪不得传闻他是奇才，看他举手投足间自有一股仙道之气，连作画的方式都与众不同。

"你就是白居易？"看身旁突然多出一人，顾况扔下笔，翻动着白居易的名帖和求谒书信，慢吞吞问道。

"不才白居易素闻前辈大名，仰慕日久，自觉幼贱，不敢求见，今日听闻大人自长安而来，贸然来访，还望海涵。"

"你，去过长安？"

"白家祖上世代为官，祖父曾居长安，当时居易未满两岁，懵懂无知，长安依稀在梦中，仿佛未曾亲临。"

顾况一边听着，一边似是自言自语地说：

"嗯，京城米贵，若想居在彼处，实属不易。"

"大人见笑，名字仅仅寄托家人美意，'居易'取自《中庸》'故君子居易以俟命，小人行险以徼幸'句，提醒在下要随遇而安，不怨天尤人，不存非分之想。"

顾况似听非听，漫不经心，正想招呼下人送客，看白居易年纪轻轻，倒不卑不亢，便又信手摊开他的诗卷浏览。

离离原上草，一岁一枯荣。
野火烧不尽，春风吹又生。
远芳侵古道，晴翠接荒城。
又送王孙去，萋萋满别情。

第一首入眼，顾况忽然感叹道："哎呀，这首《赋得古原草送别》看似不起眼，却有大气魄，不同流俗，荒芜中有生机，有此文藻的青年才俊，想定居长安，倒是易事！"顾况盯着诗文，一口气从卷头读到了卷尾，对眼前的青年萌生了好感。

顾况盯着诗文，一口气从卷头读到了卷尾，对眼前的青年
萌生了好感。

"来人，赐座！"他招呼道。

"我看信笺之上写着你生于中原。跟随令尊辗转至此，可习惯否？"

"在下生于河南新郑，对此地不免有陌生之感，然自小四下颠沛，对南方风物倒也适应。"

"嗯，几岁习得诗文？"

"五六岁时便开始学诗，自此不废，沉醉其间，日夜诵读，以致口舌生疮，家人常笑我痴……"

"我常感叹近世斯文断绝，适才观尔诗文，清新文辞中有宏放襟怀，且笔触细腻，同情弱善，真乃良才，假以时日，必成人器，人唐文坛后继有人也！我是爱才之人，难得和你意气相投，必当尽全力相助，为你铺路、延誉。看你卓然不群，想必读过不少诗书？"

"大人过奖，后学感激涕零。居易能赋区区小诗，虽说自身还算勤勉，但更得益于先人智慧，汲取的是先辈诗作之精华。陶渊明、李白、杜甫、韦应物等人大作年年岁岁摊满在下案头。窃以为，同是写庐山瀑布，您的'火雷劈山珠喷日'可以比肩于谪仙人之'飞流直下三千尺',气势之凌厉有过之而无不及;《公子行》等诗中对王孙贵胄的辛辣讽刺,也为后学作补救时弊的篇章立了典范;'八十老婆拍手笑,妒他织女嫁牵牛'更是贴近民间,对我等后学作诗亦大有裨益。"

此话虽是恭维,但也是发自真心,听得顾况频频点头。

顾况、白居易促膝而谈,均有相见恨晚之意。顾况被白居易的聪颖、好学、诗才所吸引,白居易则沉浸在顾况对诗、书、乐、画的精妙讲解中,二人遂成忘年之交。

三登甲乙第

一

贞元十六年（800）二月十四日，挑灯夜读一整晚的白居易冻得手脚僵硬，浑身瑟瑟发抖，上下眼皮直打架。

脑子里满是《玉水记方流诗》《性习相近远赋》等科举考题的他，被阵阵马蹄声惊醒。白居易拍了拍脑袋，大声叫醒书僮："快牵来我的马！今天是放榜之日，昨晚正是为此事辗转难眠，熬夜读书的。"

书僮把马牵来，白居易飞身骑上，汇入众骑当中，策马狂奔。

刚从京畿大饥荒中恢复过来的百姓似乎很快就忘了烦恼，早早起床，登上城东南高处的乐游原，看着白麻雀一样的举子们从长安城星罗棋布的百千个藏身之处蹿出，往皇城内的礼部南院蜂拥而去。

尘土在菜畦般的十二街上扬起，模糊了白居易的双眼，他在这升腾的马蹄尘中，既期待又紧张。

无数个日日夜夜，白居易都梦见自己正在考场答题，翰墨滑润，下笔千言。但是，家里的生计却每况愈下，实在是脱不开身。好不容易有顾著作的帮助，稍有声名时，父亲就去世了，一家人顿时没了主心骨，四散如飘蓬。叔父在宣州为吏，长兄在饶州做官，母亲则带着弟弟行简回了洛阳。江南、江北，凡是有亲友的地方，大都留下了他的足迹，困难的时候，他连衣食都没有着落。这种靠亲朋接济的日子太难熬了。"出路在何方？"他常常放下手中的书卷，仰天长叹。

宣歙观察使崔衍是个爱才之人，他和白居易的长兄白幼文是旧相识，对白居易的诗才早有耳闻。于是，投靠叔父和兄长的白居易在他的关照下，参加了宣州的乡贡考试。这一考可不要紧，白居易脱颖而出，凭着《射中正鹄赋》《窗中列远岫诗》这一赋一诗才惊四座，被荐送到长安来参加进士考试。

贡院就在眼前了，礼部南院东墙处的"榜墙"高约丈余，格外引人注目，上面覆盖着大幅字帖。前面人头攒动，周围的篱笆被撞得歪七扭八。白居易匆忙撂了马缰，扒开人群往里挤，目不转睛地盯着金灿灿的榜首。只见"礼部贡院"四个大字用淡墨写在黄纸之上，新科进士的名字则用浓墨书写。墨香被春风吹散，淹没在满是汗味的人群中。

"呀，陈权中了状元！"白居易震惊道，忙不迭地继续寻找，却发现前三甲里都没有自己，他的心开始"咚咚"地跳。"难道落榜了？"他闭上眼睛，不敢再往下看。等他鼓足勇气，再次睁大眼睛，自己的名字忽地闪现了出来。"得了甲科第四名？"他有些精神恍惚，不相信这是真的。这时，钟鼓齐鸣，唱榜声传入耳中，片刻之后，他听到了自己的名字。他这才呆住了，眼泪顺着脸颊流了下来。"成百上千的优秀举子在京师角逐，上榜者却寥若晨星，百无一二，能名列榜首，真乃三生有幸!"他对自己说。

"白乐天，走呀，拜谢考官、宰相，游曲江，题名大雁塔去!"不知过了多久，在人群中挤来挤去，险些摔倒的白居易才被人拽着，上马离去。此人名叫杜元颖，本地人，家就在长安城南的杜陵，考试的时候认识了白居易，这次也中了榜。由他当向导，接下来的日子，白居易参加了朝廷和民间举行的各类庆祝活动。

曲江在长安城东南角，是游赏胜地，尤其是春天，车马川流不息。进士及第后的许多宴请活动在此举行，时人谓之"曲江会"或"闻喜宴"。这年的宴席盛况空前，水陆珍馐应有尽有。新科进士们在樽前劝酒，在花下流连。达官贵人们享乐之余，留意物色乘龙快婿。百姓们倾城而出，追逐着人潮抢看热闹。

这天，白居易从声势浩大的曲江宴上下来，和大家一起来到了大雁塔下。"啊，雁塔题名，我白居易期盼已久!"他颤抖着，提笔书写自己的名字。十七位同年进士各自说了年龄，白居易二十九岁，是最年轻的。他想，如果不是被战乱和家庭变故耽误，自己可能考中更早。不过，他已经很满足了，在科举各科中，进士科虽难，但进士却最为贵重，是成为朝廷官员的重要起点，前途无量。

中进士后的衣锦还乡是白居易更为期待的，他思忖着，等回到下榻之处，一定要赶紧用红笺写封家书，让它和礼部用泥金封成的金花帖子一起飞向洛阳，向家人报告这振奋人心的喜讯。

二

进士及第后，白居易不断收到各种诗会的邀请。最初，他是欣喜的，可逐渐却消磨掉了热情。自己已过而立之年，目前尚无官职，还有养活家人的重担在肩。母亲向来身体不好，父亲去世时，她才四十岁，孀居后家里家外琐事缠身，竟患上有点像疯病的心疾，动辄挥刀自刎。他想雇两个健壮的婢女形影不离地看护，无奈开支太大，承受不起。想到这些，酒席之上，他总是闷闷不乐。直到元稹出现，他的心情才变得明朗起来。

"在下太原白居易！敢问贤弟尊姓大名？"

"在下河南元稹！对兄长仰慕已久！"

两人一见倾心，终日形影不离。见到年少得志、十五岁就登明经第的元稹，白居易再次感叹自己参加科考的时间实在太晚了。好在进士比明经尊贵不少，这才让他在元稹面前舒了口气。他们商议着一起去参加吏部的选官考试，因为中举只是获得了做官资格，还要通过选官考试，才能步入仕途，效力朝廷。

"我自幼读书芜杂，广博兼有专精，圣贤之文、王朝兴废之事，莫不留意，尤其擅长声韵、诗赋，打算报博学宏词科。"白居易道。

"我还是以经世致用为主，我判词写得好，想考书判拔萃科。"元稹说。

正当白居易信心十足地准备考试时，有熟识的吏部官员提醒他："白居易，你祖父是叫白锽吧？这名字可是和博学宏词科犯了讳，你得提早改为他科，不然就耽误考试了。"这话给了白居易当头一棒，他只得改考和元稹一样的科目，去考书判拔萃科。

"判"分为"案判"和"科判"两种，一般以

白居易常和元稹一见如故，终日形影不离。

四六骈文写成，实用性极强，是办案人员处理完公事时所写的结案文字。无论是判案，还是应试科考，都要求剖析案件的思路清晰，并要惩恶扬善，辨明是非。白居易博学多才，通晓大唐律令，虽然他的判词尚未像他的诗歌那样被人传颂，但也不输众人。他自作判词百篇，命名为"百道判"，尽全力备考。不过，他依然心里没底，担心家中有权势的考生提前贿赂主考官，来抢夺有限的名额。"万一考官找个由头，不予过关，就倒霉了。"他心想。

贞元十八年（802）冬，白居易抱着惴惴不安的心情参加了考试。幸运的是，这年的主考官是为人正直的吏部侍郎郑珣瑜，他公平地主持了这次考试。

杏花春雨之时，也是放榜之际。白居易一路过关斩将，异常顺利。一起高中的还有元稹、崔玄亮。那天晚上，三位才子找了个酒肆，彻夜痛饮。箜篌声在耳边飘荡，胡姬在眼前旋转，白居易三人盘腿而坐，憧憬着即将脱去粗麻布衣，稳披朝服，大展身手的日子。

三

九品校书郎，人人都向往，这是文人起步阶段令人艳羡的美官。白居易又一次如愿以偿了。三十二岁的他穿着新官服，在秘书省沐浴着冬阳，整理书籍，抄写皇家指定的名篇，心情既愉悦又忐忑。他告诫自己："当今圣上重视文人，衣柔裘暖，俸禄优厚，我等一定不能只想着一己温饱，当以兼济天下为志！"

无论是常乐里还是后来搬到华阳观，白居易的寄居之所常常高朋满座，崔群、钱徽、元稹、崔玄亮均为座上宾。从宫里当值回来，白居易经常和人家聚在一起高谈阔论。

然而，这批下层官员貌似平静的生活背后是暴风骤雨中的大唐。这时的唐王朝危机四伏，藩镇割据，内乱不断，百姓负担沉重，苛捐杂税名目繁多。尤其是宫市，危害很大，宦官经常在街市上以替宫里买办物品为由，公开抢掠，致使朝廷和百姓之间的矛盾不断激化。

"皇上当罢宫市，减少和缓收长安附近百姓的赋税！"韩愈的奏疏刚刚抵达朝廷，人就被贬出了长安。

德宗驾崩，即位的顺宗与属下王叔文等人欲革新朝政，遏制宦官和藩镇的势力，掀起了"永贞革新"，提出了诸多改革措施，但最终昙花一现。王伾、王叔文，刘禹锡、柳宗元等"二王八司马"为代表的革新派贬的贬，死的死。朝廷内部暗潮涌动，藩镇叛乱的坏消息不断传来。

白居易虽然位卑官微，心中却十分赞赏韩愈的勇气，对韦执谊、刘禹锡在内的革新派也深为同情。他密切关注着朝廷局势，思虑着救民之法。

朝廷打算于每年一度的科举考试之外，举行一次制科考试，选非常之才，为国所用。此时，白居易的校书郎任期已满。他和元稹决定抓住这难得的机遇。

华阳观所在的永崇里和元稹靖安坊的家仅一街之隔，为了齐心协力备考，白居易邀请元稹搬到自己的住处，两人闭门不出，日夜切磋。

"制举的科目有数十种之多，咱们报哪科比较好！"

"当然是攻考才识兼茂明于体用科。"

"好，就选这科。它对考生能力要求比较高，要求针对国家实际，提出解决办法，虽然难考，却值得一试。"

朝廷政局风云变幻，制举的时间几经推迟。白居易和元稹却并不气馁，沉下心来，精心准备，几乎到了废寝忘食的地步。白居易所作策论多达七十五篇，辑成了厚厚一本《策林》，囊括了各种时事问题。夜深人静之时，他常常和元稹一起讨论国情要事，写应对策略。他的每一篇策论都言辞激切，论点鲜明，证据充分，大有君子拯救万民、澄清宇宙之势。

激动人心的殿试终于开始了，白居易、元稹二人胸有成竹，拿起手中的毛笔。

"元稹中了甲科，白居易列名乙科！"

白居易再次榜上有名的消息传来，朝野之间颂扬声不断，连皇帝都称赞说："白居易这人有真才实学，可惜对策语直，不然就是甲科了！""是的，陛下，此人天赋好，又勤奋向学，凡考必过，这在我朝士子中实属罕见，了不得！"朝臣们纷纷竖起大拇指。

很快，白居易被授官盩厔（今陕西周至）县尉。得到喜讯的白居易骑马在长安城里狂奔了一圈，想着马上就可以凭借自己的才学实现志向，心中的喜悦和激动，难以言表。

"在京畿地区做官可是美差，白居易探囊取物般便得到了，未来可期呀！"

"我们还是赶紧回家去，为子侄们购得他的《玉水记方流诗》《百道判》《策林》，效仿他作文去，这些可都是科考范例！"

得到喜讯的白居易骑马在长安城里狂奔了一圈，想着马上就可以凭借自己的才学实现志向，心中的喜悦和激动，难以言表。

一篇长恨有风情

一

　　三登科第，提亲的人踏破了门槛，从长安追到了鳌屋。但白居易始终没有应允，他心里惦记的，始终是十五岁时认识的一个叫湘灵的姑娘。

　　"乐天，闲来无事呀！"正在白居易再次陷入对湘灵的思念中时，进士陈鸿轻叩柴扉，问候声穿门而来。

　　白居易忙起身，嘴里回道："'花径不曾缘客扫，蓬门今始为君开'，陈进士大驾光临，有失远迎！"

　　"近日仙游寺的冬景可观，你我何不尽兴一

游？顺便拜访质夫，实乃一举两得之事。"陈鸿筹划道。

"是了，质夫就住在仙游寺附近的蔷薇涧，庭前的这株蔷薇还是从他那里移栽的呢！好久没见他了，是要去看看！"自己初见湘灵时，也是在一株蔷薇花下。发现自己又走神了，他歉意地冲陈鸿笑了笑，赶紧收拾物品，一起打马南行。

野外比任何时候都显得空旷，草木落尽，绵延的秦岭肃穆地矗立在前方。河水尚未结冰，向脚下广袤的关中平原潺潺地流淌着。纵马前行至平原与山岭的交接处，水势变得和缓，远远望去，只见一片房屋散落在岸边。

仙游寺里的悠悠钟声在偌大的山谷里回荡，禅意在白居易的心头发酵。寺边的树林里升起袅袅炊烟，枯叶被堆作一堆，旺旺的火苗烤着架在上面的酒壶。居士王质夫仰面躺在草堆里，席地幕天，口里吟的正是王摩诘的诗："荆溪白石出，天寒红叶稀。"

"质夫，你这闲云野鹤般的日子让人好生羡慕！"

听出是白居易的声音，王质夫喜出望外，一个鲤鱼打挺站起来，信手一指身后的仙游寺："乐天何时归隐？神仙都等急了，快来跟质夫一起做烟霞伴侣！"三人互相看看，转而哈哈大笑起来。

"不仅归不了山野，恐怕还要在这世俗中愈陷愈深喽！"陈鸿打趣道。

"怎么？又有人提亲了？这次是哪家？"

"弘农杨氏，我与杨家私交甚好，女子是老友杨虞卿、杨汝士的堂妹，叫人无法推脱。"

"哦？岂不是杨贵妃的本家？弘农杨氏是东汉以来的大族，了不得！"质夫竖起了大拇指。

"休得戏谑，你们岂能不知我的心思？"他苦笑着，脑海里又浮现出母亲愤怒的面孔。

"乐天，我看你还是从了令堂的心意吧，士族不能与寒门通婚的道理，你又不是不懂。恕我直言，你那红颜知己湘灵是农家女子，你俩的婚事恐怕只能是镜中花、水中月了。"

白居易没有吭声，接过质夫递来的一杯酒，一饮而尽，然后掷掉酒杯，推门而出。

"乐天，乐天！"

王质夫和陈鸿在后面追着，看白居易的身影消失在曲折的石径间。

二

仙游寺大门洞开，一个僧人正在院子里劈柴。他的身后，是一树又一树的蜡梅花，朵朵娇黄，暗香浮动。时值中午，后院飘来阵阵粟米香，这饭香和着花香，给佛门净地增添了几许烟火气。

"误落尘网中，为吏多苦辛，我有五柳先生的心，却没有他归隐的勇气！"白居易撩起衣袍，走向院中的一座方形砖塔。陈鸿和王质夫随后而至，他们知道，白居易喜爱这里的法王塔，每来必会登临。

远方的渭河，像挂在西北方向的一道飘带。质夫忽然说道："你们看，渭河的对岸，就是马嵬驿。"白居易瞪大了眼睛，瞅见渭河岸边果然有一片林地，林地的背后是倾斜的山坡。陈鸿也侧身过来，扶着白居易的肩膀，眺望远方。

一个声音传来："打扰施主，小寺斋饭已熟，诚邀诸位暂充饥肠。"原来，是适才劈柴的僧人前来相邀进午食。三人忙不迭说："有劳法师相邀，感激不尽。"

僧舍里，炉火冒着热气，陈鸿在左，白居易在右，质夫端坐中间。正午的阳光自南窗照入，照在木台之上，木台上有几盘素食，一盘清炒萝卜，一盘凉拌藕丝白菜心儿，一盘滑腻的冬葵。待僧人退下，质夫取来热好的酒和杯子。

白居易呷了一口酒，脸上红晕渐开，显得有些迷茫。

"玄宗皇帝是为弘农杨氏所害，而你的弘农杨氏是老天派来，帮你成家立业的。"陈鸿戏谑道。

婚恋之事，像一块大石一样压在心头。或许是自己太要强，孜孜于科举和功名，辜负了湘灵的一片苦心。十余年里，母亲一直反对这门婚事。自己每次苦苦哀求，她老人家都会犯病，满街疯跑，让人实在不忍心抗争，真是进退两难呀！白居易咽下一肚子苦水。

他又想，杨玉环邂逅玄宗，究竟是福是祸呢？天宝末年，滔天大祸在车辚辚、马萧萧中不期而来，玄宗皇帝不得不下令赐死心爱的杨贵妃。五十年过去了，杨贵妃早已化成了一抔黄土。可是，她和玄宗之间的纠葛依然在朝野之间的茶余饭后悄悄冒出来。憎恶杨玉环者有之，同情者亦有之。开元二十四年（736），玄宗皇帝罢了张九龄的宰相，重用李林甫等人，大唐的根基就开始动摇。杨玉环诚然有错，以美色蛊惑圣上，致使玄宗懈怠了朝政，弃天下百姓于不顾，她的兄弟、姐妹都乘势上位，扰乱朝廷，但她和玄宗确实又是音乐、歌舞上的知音，二人心有灵犀。

"乐天，玄宗和杨贵妃之事关乎皇家脸面，在正史中往往轻描淡写，一笔带过，如果不铺陈细节，还原骨肉之丰腴，这桩本朝的重大事件，必将湮没无闻，简直太可惜了！"

"是呀，乐天，你常主张诗歌以情为主，情动而诗涌，何不写诗记录此事，以补正史的缺漏？"

两位挚友你一言我一语，说得白居易心动起来。他纠结着，要不要写下这个故事呢？

当晚，三人留宿仙游寺。白居易点着了灯，靠着台几，开始书写。

当晚，三人留宿仙游寺。白居易点着了灯，靠着台几，
开始书写。

东方泛起鱼肚白，质夫被寺里的钟声叫醒。他起床下地，踩到了厚厚一叠纸，捡起来一看，吓了一跳。纸上正是白居易写的诗，题名"长恨歌"：

汉皇重色思倾国，御宇多年求不得。

杨家有女初长成，养在深闺人未识。

天生丽质难自弃，一朝选在君王侧。

回眸一笑百媚生，六宫粉黛无颜色。

……

好一个长篇歌行体，跌宕起伏，字字珠玑，唐玄宗和杨贵妃惊心动魄的爱情故事哀婉绵长，却又让人扼腕叹息。谨慎起见，诗中巧妙地拿掉了大唐字眼，似从汉武帝与李夫人的故事生发开来。

质夫拍案叫绝，情不自禁高声诵读起来。这声音惊动了刚刚入睡的白居易，他重新起身，在冰凉的地面上旁若无人地舞动起来，只见他衣袂飘飘，如仙如道。陈鸿静悄悄立在质夫身后，不发一语。

日间劈柴的僧人不知何时推门而入，良久才

拍手道："好诗！好诗！我仙游寺迎来如此文章圣手，蓬荜生辉！"

白居易慌忙收了舞姿，叉手道："法师见笑了。"

僧人却突然正色道："各位施主只闻李杨故事，可知这寺名的来历？秦穆公之女与一男子在此相遇，结为夫妻，成仙而去，此谓'仙游'。施主所写太真之魂魄逃于仙山之上，依然情系君王，人间天上为爱逡巡，也是因为情缘难断啊。"

白居易大呼神奇，他本想到这远离凡俗的荒野山寺躲躲清净，没想到竟然撞到这么多情缘，有美满的，更有曲折的。看来，这尘世之中，因情生爱为情所困之人不止自己一个。

"有了，快帮我取笔来！"

众人方沉浸在僧人的低声絮语中，陈鸿开始在乐天诗的背面笔走龙蛇。陈鸿写下的，就是唐传奇《长恨歌传》。此传敷陈李杨事件始末，及为文因缘，结尾处声明时间为元和元年（806）冬十二月，歌者白居易，传者陈鸿，同游人为王质夫。

"天长地久有时尽，此恨绵绵无绝期"，蓦地，白居易触摸到了自己和陈鸿都在声称的"感于时事，垂于将来，警戒后来者"的意图。他不禁想起了湘灵，内心又开始隐隐作痛，如果最终无法说服母亲，只能让这桩姻缘成为终身遗憾了。

十首秦吟近正声

一

"哥哥，皇上对你恩宠有加，兄长能出入禁中，传达圣意，实乃光耀白家门楣的幸事！"

"阿连，你我兄弟年幼之时，可曾想到今日均在长安立足，先后高中进士？全赖圣上慧眼识珠，我等应该感激涕零，常思强基固本，为国效劳！"

暮春时节，白氏兄弟徜徉在朱雀大街上，抚今追昔，不胜感慨。在贞元末、元和初，白居易的好运气接踵而来。他先是被召回京城，成为主试官，又被授予左拾遗的官职，还兼任了翰林学士，成为皇帝近臣，随侍在皇帝左右。弟弟白行简也毫不逊色，科考顺利，并凭着传奇《李娃传》闻名士林。父亲去世后，聚少离多的一母同胞终于不再分离，二人携手游春，谈诗论景，踌躇满志。

"阿连，哪句诗形容长安为最佳？"

"愚弟以为，王维的'九天阊阖开宫殿，万国衣冠拜冕旒'，卢纶的'川原缭绕浮云外，宫阙参差落照间'，写尽了长安的气象。"

白居易沉吟不语，在他心里，长安城外山峦叠翠，云雾笼罩，正对应唐太宗的"重峦俯渭水，碧嶂插遥天"；在塬上塬下的田稼绿树间，最宜吟诵李白的"西出苍龙门，南登白鹿原"；曲江蜿蜒曲折，可读杜甫的"穿花蛱蝶深深见，点水蜻蜓款款飞"。但是，除此之外，他理想中的京城应该风俗淳厚，正气激荡。担任左拾遗以来，遇到不合理之事，他均据理力争，大则廷议，小则上书。而今，他重新审视自己的早期作品，觉得意蕴浅薄，味道寡淡。

诗关注民生、教化，才是正声。"饥者歌其食，劳者歌其事"，周初之时，采诗的官员敲打着木铎，深入民间采集歌谣，献给施政者，助其了解民情。六朝时，采诗之风渐失，正声不存，诗人多吟风弄月，寄情山水，脱离现实。白居易沉浸在重光诗歌现实功用的梦想中，他似一只猫头鹰，瞪大眼睛，敏锐捕捉不寻常之事，希求吟入诗中，补时政之弊。他瞧不上在大唐秋风中吟咏夕阳衰草的大历十才子，他要做陈子昂、杜甫那样的拾遗，不，要比他们更进一步，将民情融于"新题乐府诗"之中，以诗为武器，匡正时弊。

路旁的槐花开了，暖风吹来，"簌簌"地落在白居易的衣衫上。兄弟俩走累了，就拂去树根上的尘土，坐下歇脚。

几座豪宅矗立在眼前，个个雕梁画栋，美轮美奂。门前插着的长戟，昭示着主人二三品的尊贵身份。白居易拜访过一些王公大人的府邸，每次都震撼于庭院的阔大和装饰的富丽堂皇。有时候他会想，如果能在京城真正拥有自己的宅院就好了，不需要太大，仅能容身即可，那样，漂泊多年的母亲就可以安享晚年。

"哥哥，瞧，牡丹！"

一个挑夫肩挑两筐含苞待放的牡丹，进了一扇敞开的大门。从大门往里看，只见里面房屋疏密相间，回廊连环。仆人穿梭其间，洒水，浇花，忙个不停。

"行简，我朝《营缮令》对王公将相的宅第形式、规模、装饰均有规定，但遵从者寥寥，权贵竞相攀比，违制建造宅院、别墅，装饰奢华，底层百姓却衣不蔽体，食不果腹，更甭提有陋室遮蔽风雨了。"

"违制之事比比皆是，许多大臣年近八旬依然盘踞在要位，弯腰弓背地去上朝，有失体统不说，更是堵塞了官员的上升通道，这些弊端若得革除，大唐必将一片澄明。"

"阿连，我回去就将此事写成《伤宅》诗，让百姓歌于朝野，定能传入帝王耳中。贤弟方才提到的官员致仕之弊，为兄早已构思一首《不致仕》，采撷几句，请君为我侧耳听。"诗中这样写：

> 七十而致仕，礼法有明文。
> 何乃贪荣者，斯言如不闻？
> 可怜八九十，齿堕双眸昏。

朝露贪名利，夕阳忧子孙。

挂冠顾翠绫，悬车惜朱轮。

金章腰不胜，伛偻入君门。

谁不爱富贵，谁不恋君恩？

年高须告老，名遂合退身。

"哥哥，难得有闲暇，别忙着作诗补察时政了，正是牡丹怒放时节，听说东市里的花市异常繁华，我们何不去那里看看！"见哥哥又变成诗魔，行简赶快转换话题。

"好，就去东市。'帝城春欲暮，喧喧车马度。共道牡丹时，相随买花去！'"

二

"上好的羊肉喽！"肉行的伙计拎着一把大刀，"嘭嘭"地剁着肉骨。各样毛笔悬挂在笔行的廊檐下，犹如雨滴凝固在半空。布店的阁楼上挂满了绫罗绸缎，店主扛着尺子来回穿梭。粮食行的门口，小麦、高粱都敞着口袋。

白居易和行简穿过各色铺子，在摩肩接踵的人流中行进，看得眼花缭乱。

"卖花喽！新鲜的牡丹花！"二人循声步入花海。

"客官，您瞧，这牡丹花开得多好！簪花可装饰外表，观赏可陶冶身心，还可供器皿插花、佛前贡花、堆花！客官，可要给家中带回去两盆？"卖花姑娘冲来来往往的行人吆喝个不停。花店的门口停满了华丽的车马，花儿摇曳着被搬到车上，紫红，浅粉，月白，鹅黄，满眼缤纷。

"这花怎么这么新鲜……"看着花瓣上晶莹剔透的水珠，白居易沉吟着说。

"您有所不知，南山有不少花田。瞧这新蕊，连折痕都没有，都是因为花农日夜精心呵护。他们用帷幕搭起大棚子，外面用篱笆环起，每日只挑二十余盆，用担子挑入城内，再从花棚中剪出一些散枝，用湿泥封起来，喷水保鲜，用来零卖。"卖花姑娘笑意盈盈，介绍着花的来路。

"哥哥，要不要给家人带上几支？"行简问道。

白居易却一言不发，行简一时无语，不知道一向喜爱牡丹的哥哥为何这般不悦。

一个面目黝黑的老农赶着驴车，拉了两小袋麦子来卖。路经此处，驴子淘气，抬起脚，踢了两下花盆，一盆牡丹便碎在地上。卖花姑娘一脸愠怒，道："你这老头儿，也不好好看路，这花可不是你赔得起的！"老农跳下车，手足无措，蹲在花前抹泪。

白居易心内不忍，上前替老人把花钱付了。老农千恩万谢，这才定了神，和白居易攀谈起来。原来，这几年，花贵粮贱，南山的不少粮田都改成花田，老农的田地不适合养花，只得继续种植小麦，一年忙到头，所得收成除去赋税，也就剩几袋口粮。这不，打算卖掉两袋，供日常开销。

老农嗓门很大，不会讲官话，一口秦语，行简听着吃力，但在京畿当过县尉的白居易耳朵里却句句真切。他的眉头渐渐拧成了"川"字。富人竞相建宅、买花，动辄一掷千金，炫富斗艳，农人却衣衫褴褛，穷困潦倒。粮为国之本，农田不保，一国之民所食堪忧，徒余花草何用？

"家家习为俗，人人迷不悟。有一田舍翁，偶来买花处。低头独长叹，此叹无人喻：一丛深色花，十户中人赋。"告别老农，白居易满怀忧虑地吟道。

三

"驾、驾！"

白家兄弟刚到朱雀大街的街口，一群骏马奔腾而过。路人围拢过来，放眼望去，只见一片红紫色的影子越来越远，很快就看不见了。

"神策军！""看见没，乘肥马，衣轻裘，冠服飘红带紫，不是三品就是五品！"

大家指指点点。有好事者在人群之中兴致勃勃地说着这些人的官阶。

"这些禁军将领成群结队现身街市，不会是朝中要兵变吧？"

"这你就不知道了吧？他们是去赴宴，军中的豪宴可不是一般人能享用的，山珍海味，珍馐美馔，有些是你一辈子都没见过的！"

早知神策军腐化，但不知堕落至此。在白居易的少年时代，这支军队是战无不胜的神话。西突厥人哥舒翰在河西节度使麾下效力，骁勇善战，活跃在抗击吐蕃的前线。天宝十三载（754），朝廷批准他成立了神策军，这支军队成为西北边军中的一支劲旅，屡立奇功。安史之乱爆发，神策军在中原苦战，平叛有力。乱后，因护卫代宗有功，神策军跻身禁军行列，由皇帝亲自统帅，人数也由最初的千余人发展壮大至数万人。到了德宗朝，神策军更成了大唐支柱，有力地抗击了吐蕃的侵犯。后来，不少富家子弟加入这支队伍，神策军的战斗力开始削弱。不少将领居功自傲，染指政事，还不时在驻地侵扰百姓。

"唉，骄兵必败，骄兵必败！"

白居易不禁长叹一声。昨晚，白居易远在衢州的故交来信，书信中说，江南大旱蔓延，那里沦为了人间地狱，土地裂开了大缝，庄稼枯死，人们吃光了存粮，捋光了树叶，开始鬻儿卖女，甚至到了人食人的地步。眼前的神策军将领们招摇过市，可以想见，他们在酒席上是怎样地大呼小叫，醉生梦死，江南的灾情，边疆的安危，何曾放在他们心上！

"大唐积弊深矣！"白居易抓住了行简的手，用力晃动着，一首《轻肥》喷涌而出：

意气骄满路，鞍马光照尘。

借问何为者，人称是内臣。

朱绂皆大夫，紫绶悉将军。

夸赴军中宴，走马去如云。

樽罍溢九酝，水陆罗八珍。

果擘洞庭橘，脍切天池鳞。

食饱心自若，酒酣气益振。

是岁江南旱，衢州人食人。

惟歌生民病

一

上阳宫，神秘莫测之处，幽闭宫女之所，外人很难入内。前段日子，白居易的好友窦庠和李绅得到机会，陪同朝廷要员去巡视。归来后，他们感触颇深，一个写了《陪留守韩仆射巡内至上阳宫感兴二首》，一个在《新题乐府二十首》中专门赋了首《上阳白发人》，并把所见所闻详细地告诉了元稹和白居易。元稹作了一首同题诗，列入自己的《和李校书新题乐府十二首》之中，和李绅相唱和。白居易也不甘示弱，写了一首《上阳白发人》。

搁笔时，夜已深，他竟然梦见了一位女子。

她倚着斑驳的宫墙晒太阳，脸上布满皱纹，细长的眉毛直插鬓角，是远山般的青黑色，窄窄的衣裳包裹着瘦弱的身体，脚上套一双尖尖的小头鞋子。

　　"恍如隔世，当下都流行短眉毛、宽衣服了，她还画着天宝年间的妆容。"白居易心想。

　　"老尚书！你不干活，跑到这里作甚？"几个年轻的宫女跑过来，对她推推搡搡。这几位的妆容倒是新潮，八字眉，蝴蝶唇，面颊上涂着红褐色。

　　一个绿衣太监不知何时已蹿出，推动着"嘎吱吱"作响的宫门。"呃当"一声，门闭上了。白发老妪最后回望了白居易一眼，苍白的面孔上露出一丝惨淡的笑容。

　　这宫门锁住的是女人的青春和生命。上阳宫里有无数这样的女人，她们生也飘零，死也飘零，就像江上的浮萍一样无依无靠，她们中的许多人已经离世了，只有她勉强活到了现在。那是天宝末年的事情了，那年她十六岁，玄宗皇帝下诏在良家女子中选宫女。家里不富裕，姊妹多，再加上她出落得水灵，几经周折，就到了宫里。刚进宫那会，她少不更事，还以为能像传说中的那样，轻而易举就能被皇上相中，过上锦衣玉食的生活。没想到，连皇帝的影子都没见上。后来，杨贵妃担心她们这些年轻貌美的女孩子被皇上看上，暗中派人挑选姿色好的，送到洛阳的上阳宫里软禁起来。

春花秋月笑不闻，只有对镜叹息声。可怜她们这些宫女，一年四季都在空荡荡的宫苑里度过。院子上面的四角天空偶尔飞过一群鸟，大家都羡慕得不得了，忙停下手里的活儿，踮起脚尖，视线跟着鸟儿旋转，恨不得生翅飞了出去。一年一次的家人会面，比过年还令人祈盼。上阳宫前人山人海，父母带着兄弟姐妹来看她。看到姐妹们成亲了，孩子开始蹒跚学步了，忽地长得和他们的母亲一样高了，她就泪如滂沱。她多么希望和她们一样，过上正常的、普通人的生活。

不见亲人则已，见了反而徒增思念。再后来，战争摧毁了最后的念想。父母年迈，再也来不了，偶尔会派个兄弟来。兄弟们都有了自己的小家，对姐姐的关心也越来越少。她呀，就像断了线的风筝，再也找不到归途。女人是最爱妒忌的，在这与世隔绝的深宫之中也不例外。同是可怜之人，宫女们还非要一比高下。有一次，她刺绣时手脚利落了点，就被几个宫女堵在墙角捶打了一番，眼角的瘀血足足过了几个月才消除。

自古逢春多欢愉，她却惧怕春天来临。一枝红杏从墙头伸过来，几只青鸟立在树杈间朝这边探看着，燕子成双结对地飞回来，在梁间追逐。她怕听见它们的呢喃，那会让她死水般的心掀起波澜，日子就愈发难熬。不知道过了多少年，有一天，突然有人把门打开，儿戏般传话过来说，陛下在长安听说你的事情了，念你在宫里日子最长，已经过了六十岁了，封你为"尚书"。她的耳朵有点聋，可还是听懂了对方的话。于是，她笑起来，说："我就寻思着，天宝圣上总有一天会想起我们的！""天宝圣上？嗨！皇帝都换了好几茬了，现在是新万岁的天下喽！"未等来人说完，旁边年轻些的宫女便哄堂大笑起来。她顿时呆若木鸡。

二

当那张苍白的脸闯进梦里，白居易还以为是看见了鬼魂，吓得魂飞魄散。

梦醒时分，浪花开始在他心里翻滚："何其残忍，鲜活的生命，竟就这样被消磨掉了！"他遍查史册，发现仅玄宗朝，宫女就有四万人之多。如此庞大数目的女人，被禁锢在高墙深宫之中，难免哀怨冲天。

上阳宫在洛阳皇城西南，引洛水、谷水到宫内，二水竞流，汨汨而出。夏秋时节，落红与枯叶离弦般飞下，宫女中有才学者便捡拾两片树叶，在上面写满诗句，让它们变成小舟，随"哗哗啦啦"的水声飘去远方。据说，前辈顾况就曾在上阳宫外捡到载有诗的红叶，上书：

> 一入深宫里，无由得见春。
> 题诗花叶上，寄与接流人。

顾才子为她们的命运感到悲伤，遂题诗于落叶相回，云：

> 花落深宫莺亦悲，上阳宫女断肠时。
> 君恩不闭东流水，叶上题诗寄与谁？

不知收到礼物的女子，会怎样欣喜呢！皇帝有时会心生恻隐，有放宫女出宫的举措，高祖、太宗就曾放三千宫女回家，玄宗、代宗、德宗时期也有过。可当今圣上登基以来，还未有过。

"夫君莫非真要上书劝谏，请求圣上放归宫女？"

夜半时分，杨夫人看自己郎君还在伏案疾书，心疼不已，就拖着笨重的身子起身，帮他披上衣服，不安地询问。

"这还有假？《请拣放后宫内人》的奏疏我都写好了。不仅如此，我还要提醒皇上减免百姓租税，严禁臣子出于私恩进献财物。"

白居易突然看到了妻子眼中的忧虑，忙歉意地笑笑，放下手中的笔，过来宽慰她。夫人马上就要临盆了，白居易不想让她为自己忧心，安慰道：

白居易看到了妻子眼中的忧虑，忙放下手中的笔，
过来宽慰她。

"夫人尽管安心养胎，皇上待我白家恩重如山，如今又选我做了左拾遗和翰林学士，行简也步入仕途，新授了校书郎，我理当为朝廷尽心尽力。"

"再说了，我们夫妻衣食无忧，却有许多人挣扎在水深火热之中，我每每想到这些，便会坐卧不安。为官者不能只顾一己之私，理应以天下苍生为重。"

看他如此坚决，并语重心长地开导自己，杨夫人反倒不好意思起来，欲言又止，把娘家兄弟们的告诫又憋了回去。

此时，《观刈麦》《卖炭翁》《红线毯》等讽喻诗风靡长安，权贵们谈之色变，百姓们拍手称快，夸奖白居易体恤百姓，上书言事切中时弊。李绅、元稹，尤其是白居易的新乐府，句句直指朝廷弊病。宪宗皇帝年轻有为，纳谏如流，但有时也会心有不满，更何况佞臣屡进谗言。有一次，他忍不住向臣子李绛抱怨道："白居易这小子，是朕提拔他，给他名位，现在却敢对朕无礼，说朕错了，朕实在是气愤不已！"幸亏李绛与白居易同为翰林学士，对白居易的品行十分了解，于是替他辩解道：

"白居易频频劝谏圣上，正是因为感激圣上的提携啊！"白居易这才躲过了一场祸事。

三

"哥哥，你的谏议被皇上采纳了！"

"真的？"

"诏书都下了，宫内外传遍了，上阳宫的宫女们正收拾行装，准备回家！"

行简兴冲冲地给兄长带来好消息。话音未落，白居易一把把他拉入室内，面色严峻地向他吐露一件事。原来，朝廷要对谋反的成德军节度使王承宗用兵，宪宗任命宦官吐突承璀为行营招讨处置使，令他掌管左右神策军及河南诸镇兵马。白居易认为此举甚为冒险，将如此大的兵权授予宦官，万万不可，如果坚持这样，诸道将领必然会觉得蒙受了耻辱，不听调度，有野心的藩镇将领自然会蠢蠢欲动，大唐将岌岌可危。白居易在奏疏中竭力劝说皇上收回成命。此奏一出，应声者众，朝中有识之士纷纷劝阻皇上，要求罢了吐突承璀的要职。

行简听得浑身冒冷汗，着急道："哥哥，皇上此举确实欠妥，但之前朝中官员无人敢出头，无非是心里清楚吐突承璀的分量，不敢劝谏。此人在皇上当太子时便跟随左右，在朝中权势熏天，兄长这样做，难道不怕引火烧身吗？"

"阿连，你怎么也像你嫂嫂那般畏首畏尾，宦官专权，祸患四起，如果人人都噤声不语，大唐必将毁于宦官之手！放心吧，吾皇圣明，已经下令削去了吐突承璀的统帅权，另改他职。"

"哥哥，你可要谨慎为是！"行简跺脚道。

"唉，由来君臣间，宠辱在朝暮，你哥哥我心里明了，万一天降不测，为百姓和天子做了这么多有益之事，也不枉此生！"

正在这时候，"呱呱"的啼哭声震彻屋宇，仆人小跑来报："大人，掌珠之喜！"

白居易顾不得行简，拔腿便往里跑。掀起帘子一看，母亲正亲手捧着襁褓，笑得合不拢嘴。白居易侧身挤了过去，发现一个赤色的婴儿被裹在襁褓里面。

他紧张得连大气都不敢出，想碰又不敢碰，只是伸着头，趴在婴孩边上"嘿嘿"地笑。

杨夫人面色憔悴，额头上滚着汗珠，头发湿漉漉的，刚刚睡着。白居易爱怜地坐在床边，从仆人手里接过巾帕，小心翼翼地帮她擦拭脸颊。

"夫君！"夫人惊恐道。

"别怕，我在这守着你呢！"白居易柔声道。

"我们的女儿可好？"

"好着呢！皮肤娇嫩，煞是可爱。"

夫人露出了笑容，眼睛亮亮的。俄而，她又蹙起了眉，嘴角耷拉了下来。

"夫君，我刚做了一个梦，梦见你被官兵抓走，我抱着女儿，哭喊着在后面追赶。"

"夫人多虑了，自结婚之日起，我就曾发誓，与你'生为同室亲，死为同穴尘'，并要'偕老同欣欣'，这大喜的日子，快别说这些丧气话，好生调养身体。"

说话间，下人已经把孩子收拾干净，抱了过来，夫人示意将她放在自己身边。白居易神采飞扬，一只手攥紧了夫人的手，另一只臂膀张开，揽着孩子，喜不自禁道："我白居易不揣浅陋，日日随驾金銮殿，年近四十，方得此女，尤为珍贵，就叫她金銮子吧！"

这一年是元和四年（809），正担任左拾遗、翰林学士的白居易颇受重用，再加上金銮子的到来，让他感觉进入了人生的春天。

亲爱零落尽

一

"小公子，来，用手指出这些字中哪个是'之'和'无'？"

"真聪明，每次都准确无误！"

乳母抱着白居易站在屏风前，指着上面密密麻麻的字考他。看到孩子又一次辨识准确，她对旁边的陈夫人说："夫人，这都是您日日教导的结果，别看公子才七个月，心里通透得很，都认字了，长大一定有出息！"

天上不知何时下起了蒙蒙细雨，路上布满泥泞。白居易扶着母亲的灵柩，深一脚、浅一脚地跋涉着，眼泪一次又一次模糊了视线。那个给予他生命，从自己牙牙学语时就亲执诗书，循循善诱，教导他懂礼、向学的人走了。从今以后，他就是一个无父无母的人了，寂寞和孤独像无边的黑夜吞噬了他。

他的头昏昏沉沉，满脑子都是母亲。"啊，阿娘，你就这样撒手西去了，是儿子不孝，没有照看好您，那天我要早早回来，绝不会有此事发生！"他捶胸顿足，悔恨不已。

陈夫人向来爱花，教孩子们从小认识各种花草，新郑的东郭老宅、符离的郊野、洛阳的牡丹花下，都洒下了她和孩子们的笑声，谁曾想，她却不幸因花而丧命。

元和六年（811）四月，初三那天，陈夫人的心疾仿佛好了许多，她早早起床，在镜前装扮了好大一会儿，特意穿上了儿子居易用京兆府户曹参军的俸禄为她订做的宝蓝色绫罗暖袍，戴上了儿子行简送的金钗，在长安宣平里的居所踱步、赏花。

南风拂面，诱人前行，陈夫人一会儿弯腰嗅花，一会儿慢跑逐莺，两个婢女跟得累了，便倚在藤椅上小憩。没曾想，老太太突然犯病，甩下婢女，跑到井台边，伸手去折对面的花枝。只听"噗通"一声，老太太头朝下，跌落深井之中。两个婢女吓得魂飞魄散，慌作一团。等缓过神来，唤人打捞，为时已晚。五十七岁的陈夫人，尚未尽享天伦之乐，就这样湿漉漉地离去了。

百善孝为先，我国几千年的礼法都讲究父母慈爱，儿女孝顺。官员遭遇父母之丧，必须暂停官职，回乡守孝，待守制期满，才能出来任职，这叫"丁忧"。对此，唐代有法律和礼法的双重规定。母亲去世，白氏兄弟立即解官，带领家人，披麻戴孝，回家处理丧事。白家是循礼守法之家，有亲人亡故，首先想到的是恪守祖训，护送亲人归葬原籍下邽（今属陕西渭南）。

一路上，行简见哥哥的白发几天之间添了不少，又日夜号啕，担心他的身体吃不消，只得苦劝。白居易沉浸在悲伤之中，根本听不进去。

"哥哥，阿娘已撇下我们走了，你这样不吃不喝，可如何是好！"

杨夫人也劝道："夫君，为了我们娘俩，你也得珍重!"女儿金銮子在阿娘的哭声里抬起头,从披风里挣脱出来,迈开小腿,快步跑到白居易身边,晃晃父亲的手。

白居易阴云密布的脸上这才松弛了些,振作精神,继续赶路。这会儿,白行简坚持把哥哥扶到了嫂嫂乘坐的车子上,自驾灵舆,往长安城北的渭河码头进发,去寻找发往下邽的船只。

二

渭河奔流,流经下邽县义津乡时,来来往往的船只聚到一起,泊出·个古渡口,名为"蔡渡"。在蔡渡的东北方向,不过百余步的距离,散落着几十户人家,称为金氏村。入仕后,白居易见这里风景秀美,来去长安方便,就把家搬到这里。

白家院落在村北,为依塬而建的五六间草庐。乡下僻静,乍从长安城的喧嚣声中脱身来到这里,白居易有点不习惯,但傍晚时分,登塬而望,南边是星星点点的灯火,北边则连着村里的墓地,也别有一番韵味。

"心有千载忧，身无一日闲"，白居易在长安为皇帝近臣五年，不敢有丝毫懈怠，考虑私事的时间少得可怜，趁此丁忧的时间，倒是可以息心功名，踏实料理家事了。

趁安葬母亲的机会，白居易打算把亲人的灵柩都迁到下邽。白家的男丁们四下勘查，最终选中一块宝地，然后分成几路，到襄阳、荥阳和附近的下邑里，迁移亲人灵柩去了。

设道场、斋供、下葬……繁冗的丧葬仪式直到十月底才接近尾声。操持完这一切，白居易心力交瘁，卧在榻上，连地都下不来了。

"哥哥，元稹兄又来信了！"忽一日，行简一阵风似的钻进陋室，手里挥舞着一个包裹。

白居易坐了起来，从包裹中抽出信件，慢慢阅读。读罢，他感觉眼睛酸涩，头痛欲裂。行简连忙坐下，扶住哥哥。只见白居易把书信贴在怀里，闭上眼睛，哽咽起来，银钱和草药从包裹中滑出，散落在床榻上。

脱离权力中心，来到这避世之地，门前寥落鞍马稀，白居易常有为世所弃之感。元稹却依然情真意厚，不顾自身境遇不佳，远在江陵贬所，还时时记挂着他。原来，元稹得知白母去世的消息，分外痛心，立马动笔，写了一篇感人肺腑的祭文，命自家侄儿昼夜兼程，送到下邽。元稹嘱咐侄儿，白母在世时对自己恩重如山，一定要代他参加葬礼。这不，侄子刚刚告辞，元稹的书信又至，字里行间嘘寒问暖，并随信捎来钱物接济自己，关怀备至。元稹将二人的情谊称作"坚同金石，爱等兄弟"。确实如此，二人情同手足，不仅在文学上趣味相投，在朝中也相互倚靠。

早在几年前，元稹的母亲去世的时候，白居易不仅在经济上资助，还帮忙写了一篇感情真挚的墓志铭，认认真真地刻画出元稹母亲为人女、人妻、人母的不同侧面，在当时阿谀奉承、空话、套话成风的文章里成为一股清流，令元稹颇为感动。元稹丁母忧之后回到朝廷，奉命奏劾百官的不法行为，在出使东川（今四川东部、重庆一带）时，深入民间，调查取证，写成弹劾剑南节度使严砺等人的长状，为民申冤，可监察御史的位置还没暖热，正欲继续为朝廷除弊事时，祸事就接连不断地来了。河南尹房式犯了不法之事，元稹奉命去查处。房式在朝中的关系盘根错节，元稹这一去不要紧，触碰到了权贵利益。执政者给他定了专横跋扈的罪名，召他回京，罚他一个月的俸禄。这还不说，当他心情郁闷地从洛阳返回长安，途中因为住驿站的事情，竟然被一群骄横跋扈的宦官暴打了一顿。

事情说来令人气愤。唐朝时，每隔三十里左右设置一个驿站，水、陆都有，供公务人员中途休憩。这一日，元稹路经华阴县敷水驿站，停下歇息，当时驿站只有他一个客人，管理人员就将他安置在正房住下。后来，仇士良、刘士元等一帮宦官也来此过夜。驿站很小，只有一间正房，其余均为厢房。宦官们坚决不住厢房，非要和元稹争抢这间正房。他们踢破房门，追打元稹。回到朝中，宦官们还恶人先告状。皇帝和宰相都袒护他们，元稹被远贬江陵。李绛等人纷纷为元稹鸣冤，认为朝廷处理不公。白居易连上三状，替好友申冤，但均无济于事。

悲痛严重影响了白居易的身体，大悲之下，

四十出头的人竟有了垂垂暮年的感觉。他的头发大把大把地往下掉，头顶越来越稀疏，以至于他都不敢梳头，这种细腻的感受，他也写在了诗里。

冬天来了，雪花纷纷扬扬，漫山遍野白茫茫一片。渭河结冰了，一向喧闹的渡口，此时安静无比。村人大都以农为生，到了冬天就闲了下来。大人带着孩子在冰面上嬉戏，还有不少人把冰面敲开，蹲在河边钓鱼。钓上一天，浑身都冻僵了，晚上回家，村人便嘱咐妻子生火炖鱼，一家人围炉而坐，吃得津津有味。

白居易却没有这种热情，他躺在床上休养了一个多月，很少出门。不过，他并不觉得烦闷。金銮子三岁了，聪明伶俐，活泼可爱，杨夫人带着她守在夫君的身边。下邽虽冷，白居易的心里却暖意融融。

这年冬至，雪下得格外大。村人们说着"瑞雪兆丰年""冬无雪，麦不结"之类的话，踏着雪，察看庄稼，憧憬着新的殷实光景的到来。村子里开始有年味儿了，大人们张罗着腊祭，放焰火驱邪，孩子们堆雪人，打雪仗，引爆山竹。人们把攒下来的干肉悬挂在房梁上，打算等到过年的时候大快朵颐。

"阿娘，堆、堆雪人！"话还说不囫囵的金銮子央求母亲。父亲特意派下人陪着她们娘俩，到雪地里玩耍了一会儿。也许是受了风寒，这天夜里，金銮子开始咳嗽起来，痰堵在喉咙口，咳不出来，小脸憋得通红。一家人夜不能寐，连夜派人到县城请郎中。郎中来了好几趟，最终也没能治得了，金銮子竟然夭折了。

白居易和杨夫人趴在女儿的小身体上，哭得声嘶力竭。见此情形，村人纷纷提醒他们保重身体，劝慰道："既然孩子已经走了，入土为安，还是早早埋葬了好。"

郊野凄寂，女儿的棺材被放入了小墓坑里，家人挥动锹铲，往上面封土。白居易心如刀绞，泪水大滴大滴地往下落。天色阴暗，一只乌鸦滞留在荒野中，"嘎——嘎——"地叫着，声音凄厉无比。他由行简搀扶着，站在枯草中，不敢回家，害怕正视妻子的眼神，害怕触碰女儿喝过的药碗，甚至害怕瞅见架子上的小衣衫。他蘸着血写了首《病中哭金蛮子》：

> 岂料吾方病，翻悲汝不全。
>
> 卧惊从枕上，扶哭就灯前。
>
> 有女诚为累，无儿岂免怜。
>
> 病来才十日，养得已三年。
>
> 慈泪随声迸，悲肠遇物牵。
>
> 故衣犹架上，残药尚头边。
>
> 送出深村巷，看封小墓田。
>
> 莫言三里地，此别是终天。

　　别家过年都张灯结彩，热热闹闹的，只有他家门前冷冷清清。他和妻子睡着的时候，家人连走路都蹑手蹑脚，生怕他们醒了，又陷入丧女之痛。唯有酒能麻痹自己。"朝饮一杯酒，暮读一卷书"，借酒浇愁愁更愁，酒水消解不掉的，就靠佛老典籍来排解。白居易靠在床头，诵完禅经，又读《庄子》，《逍遥游》里的句子常从他家窗口飘出，狂吟声惊动了四邻。

白居易靠在床头，诵完禅经，又读《庄子》,《逍遥游》
里的句子常从他家窗口飘出，狂吟声惊动了四邻。

三

金銮子猝然离世，再次失去至亲的疼痛感，让白居易想起了弟弟幼美，以及孤苦伶仃的外祖母。孤坟荒冢，他们会不会很寂寥？

白幼美是他最小的弟弟，小名"金刚奴"，聪明伶俐，在母亲的教导下，七岁就能诵诗赋，八岁开始读书、鼓琴，到了九岁那年，幼美莫名其妙生了一场病，夭折在徐州符离的家中。外祖母很疼爱他们，她也姓白，居易和行简都是在她的膝下长大的，老人家手巧，能书，善画，弹得一手好琴，白居易自幼爱琴，就是受她熏陶。白居易派人把他们的墓也迁回来了。"这下，外祖母和母亲、弟弟，还有其他亲人可以长久在一起了。"白居易心想。

在这偏僻的荒村，每隔一段日子，就有"呜呜"的哭声传来。派去打探的人回来禀报："村里又有人去世了！"最初，听闻这些丧亡之事的时候，白居易都不由自主地跟着悲伤，长吁短叹。四十余户的小村尚且如此，大千世界，芸芸众生，更是每天都有人在经历死亡。"生、老、病、死这些坎，真是任何人都无法逾越。"白居易悟到了这一层，作了一首《闻哭者》：

> 昨日南邻哭，哭声一何苦！
>
> 云是妻哭夫，夫年二十五。
>
> 今朝北里哭，哭声又何切！
>
> 云是母哭儿，儿年十七八。
>
> 四邻尚如此，天下多夭折。
>
> 乃知浮世人，少得垂白发。
>
> 余今过四十，念彼聊自悦。
>
> 从此明镜中，不嫌头似雪。

"哥哥，吾儿出生了！"忽一日，行简跑到他面前，手舞足蹈。白家又添丁进口了，白居易深切体会到，原来生命就是这样绵延不息，不仅有死亡，也有新生。

"哥哥，你给起个小名吧？"

"神龟长寿，就叫龟儿吧，祈望上天保佑我们的龟儿长长久久。"

"龟儿，阿龟，好听，意义也好，就叫这个名了！"阿龟的到来改善了这个家的氛围，大家看到这可爱的、初生的小生命，就觉得一切都充满了希望，小院里重新响起了欢声笑语。杨夫人日日往行简夫妇屋里跑，也有了笑模样。

白居易放心了，又想："白家人会越来越多的，到时候，恐怕房子都不够住了。"他筹划着再建几间茅舍，可丁忧之后，俸禄就不够花了，迁移坟墓耗费了不少银钱，一家老小这么多张嘴要吃饭，日子过得分外窘迫，哪有余钱建屋造舍呀。白家上上下下刚刚舒展的眉头又皱了起来。

这一日，杨夫人把白居易拉到里屋，小声说："夫君，我那几件首饰现在派不上用场了，不如拿去典当了，换些银钱回来。"

"万万不可，你的首饰是娘家的陪嫁，哪能当呀！虞卿他们听说了，岂不会怪我没照顾好你？不过，你这么一说，倒是提醒了我，赶明儿我去城里一趟，把马卖了，还有几件值钱的衣服，我平时不怎么穿，可以先当了。"

正在为难之际，元稹的包裹又来了，这是白居易闲居渭水畔以来第三次收到他的钱物。他扳着指头数了数，三次相加，足足有二十万贯。"微之，请受我一拜！"他面朝江陵方向深深地躬下腰去。

房子砌好了，新屋旧屋加一起，有十余间。白家还在旁边建了一座数尺高的厅台，上面也新修了两间茅草屋。

夏天来了，房前屋后蓊蓊郁郁，百余棵树木站立成一片小树林，柳树、榆树、枣树、梨树、松树等，种类繁多，穴虫爬上树干悄然脱壳，鸟卵躺在巢中安然化雏。白日，白居易身着白单衣，脚穿黄麻鞋，登上高台，卧于茅茨之中，见东窗之外华山苍苍，南檐之下渭水泱泱，不禁欣然忘忧。夜晚，他敞开衣襟，擎着酒杯，端坐院中，与清风明月相会，听蟋蟀欢歌，累了，便"独向檐下眠，觉来半床月"。

卖了马，他买来一头牛，带领家中男丁，到田里去耕耘。他跟着村里的老农学会了种地，常常边劳作边吟：

种黍三十亩，雨来苗渐大。
种薤二十畦，秋来欲堪刈。
望黍作冬酒，留薤为春菜。

荒村百物无，待此养衰瘵。

《村居卧病三首》其三

秋天来了，他扛着锄头走在田埂上，一个村翁大声跟他打招呼："今年是个丰收年呀，要不要坐下唠会儿？"

"不了，不了，年丰人欢喜，行简去了东川，我不抓紧干活，一家老小可没得吃哟！"白居易脚步不停歇，心中却早已写好了相赠之诗：

晚出看田亩，闲行旁村落。
累累绕场稼，啧啧群飞雀。
年丰岂独人，禽鸟声亦乐。
田翁逢我喜，默起具尊杓。

《观稼》

他们身后是广袤无边的田地，红的是枣，青的是梨，黄的是黍穗，瓜果和庄稼的香味在漫溢。

江州司马青衫湿

一

元和十年（815）六月，正逢麦收时节。长安城外，孩童们不知道从何处学来了一首新的歌谣，围着黄澄澄的麦田又唱又跳："打麦、麦打——三三三。"然后又转身齐声喊，"舞了也！"

看孩子们玩得开心，忙碌的农人们虽说听不懂他们在嚷嚷些什么，也抬起汗涔涔的头，咧开尘灰覆盖的嘴角，跟着一起笑。笑声飘荡在麦香味道的空气里，和路边绽放的石榴花一起，洗亮了人们的耳目。

俗语云："麦收时节停一停，风吹雨打一场

空。"初三这天，布谷鸟"咕咕咕咕"的叫声和着鸡鸣声刚刚响起，天还是漆黑一片，秦汉故地的塬上塬下就有了"窸窸窣窣"的响声，农人们已经开始摸黑抢收麦子了。

与此同时，长安城里星星点点的灯火也明灭可见，百官们正为上朝忙碌着。"得得"的马蹄声敲打着地面，敲打出清脆的乐点，朝大明宫方向延伸。虽偶有店铺准备开门，路上的行者还是寥寥。

这一切和往日相比，好像也并无什么不同，人们各司其职，各安其位，城里城外笼罩在一片静中有动的和谐气氛里。

"有刺客！赶紧捉拿刺客！"

突然，在靖安里东门附近出现了一阵骚动。一队人马行进到这里，不知为何乱作一团。一支冷箭飞来，灯火忽然熄灭了。很快，为首的一人肩上中了箭。接着，一名刺客从绿树浓荫里跳下，朝其猛击。刺客牵着为首这人的马走了十多步，取下了他的首级，扬长而去。

"发生什么事情了？"

"不好，宰相遇刺了！"

"啊，哪位宰相？快点捉拿刺客！"

顿时，一片鼎沸之声。

"哎呀，这不是宰相武元衡的坐骑么？真是惨烈，连头颅都被取走了。"

噩耗翻着筋斗奔跑，天亮之时，已经抵达皇宫，惊了同样在上朝路上的圣上大驾。宪宗李纯着实被吓了一跳："有人竟然如此嚣张，胆敢在都城大街之上射杀朝廷命官，折我大唐股肱之臣，这还了得？"急忙移驾延英殿，召集其他宰相商议此事。谁知，刚到殿门口，又有人来报，称宰相武元衡遇刺前后，又一件惊悚的事情发生了。在通化里裴度家附近，这位御史中丞刚一出门，一伙贼人就扑上来，对着他连刺三剑，裴度负伤跌落马下，滚入路边沟中。刺客舞动宝剑，意欲置他于死地。幸亏中丞府随从王义跳出，以身掩护。裴中丞自己戴着高高的大毡帽左躲右闪，混淆了贼人的视线，才侥幸逃生。

听完这些，皇帝倒吸了一口凉气，意识到这事情绝非偶然，一定跟削藩有关，因为今日遇刺的这两位臣子都主张削藩。原来，前不久，朝廷刚刚对淮西吴元济用兵，成德节度使王承宗和淄青节度使李师道早就暗中与之相勾结，不断滋事。明眼人看到今天的情况，就知道此事蹊跷。宰相李逢吉、中书舍人王涯等人纷纷劝阻宪宗停止进剿，以避免更加恶劣的事情发生。宪宗沉默不语，粒米不进，但内心正酝酿着一场更大规模的削藩行动。

二

白居易从下邽老家丁母忧回到长安，经过漫长的等待，终于被授为五品京官太子左赞善大夫。白居易重新振奋起了精神，他依然忧国忧民，常常夜不能寐，想着为国效力。

"远坊早起常侵鼓，瘦马行迟苦费鞭"，因为住在偏僻的城东南昭国里，白居易的上朝之路显得比其他官员更为迢递。总是行了许久，却还在大雁塔附近兜兜转转。初三这天，他起得尤其早，行到半道，喧嚣声频繁传来，大家纷纷往靖安里方向跑去。白居易有种不祥的预感，立刻勒马驻足，向过往行人打听。这一问不要紧，白居易大吃一惊。他二话不说，策马狂奔，一口气来到宰相遇害处。待他拨开众人，就着四周的火把往里望去，只见大唐宰相倒在一片血泊之中。

顿时，一股热浪涌上心头。"真是国朝耻辱！"他愤愤地翻身上马，重回住处，奋笔疾书，胸中激愤尽泻而下。于是，时未过午，武元衡的鲜血尚未凝固，白居易的奏疏已经抵达朝廷。宪宗展开一看，只见急请捕贼之心、一雪国耻之意跃然纸上。

看着奏疏，皇帝的心情是复杂的。提起这位自己曾亲力提携的大才子，宪宗是又爱又惧。爱的是他文笔精绝，落笔便成奇篇，长安为之纸贵。怕的是他直言敢谏，非常执拗，数次让自己下不了台。

白居易的这封奏疏引起了轩然大波。几位宰相觉得白居易抢了他们的风头，居心叵测之人纷纷罗织罪名，一时之间，左右了皇帝的视听。

"白居易早已不是谏官，左赞善大夫的职责是辅佐太子殿下，他却跑到这里来越职言事，坏我朝中纲纪，当贬出朝廷！"

"对，宰相武元衡一案自有谏官上疏，他先来进言，离间朝廷和藩镇关系，实在是目无君上。"

"白居易不仅不尊圣上，对其母也颇多不孝之处，白母看花时跳井而亡，他不但不加哀悼，反而写些《赏花》《新井》之类的浮华诗篇，枉为人子，有伤名教……"

这些舆论来势汹汹，在宰相韦贯之等人的谴责声里，圣上只得下诏，贬白居易为江州刺史。不曾想，与白居易向来有仇隙的王涯跳出来，趁机又奏一本，称白居易"所犯状迹，不宜治郡"，白居易的官职又被朝廷追改为江州司马。

白居易想不明白，也无法明白，忠于圣上、孝顺母亲的自己怎么落了个如此下场。而且，朝廷随后采取的行动，也和自己所进的建议是一致的：重金悬赏，捉拿刺客，重用裴度为相，为宰相武元衡雪耻，大力打击为所欲为的吴元济、王承宗、李师道等藩镇节度使，重振国威。

白居易从丧母失女之痛中刚刚恢复，意欲展凌云之志，就遭遇了沉重的打击。他痛苦不已。幸亏早年身在兰台之时结交的好友李建赶来了，慰藉了他那颗冰冷的心。两人依依惜别。这时正是夏日，但这送行的场面让人莫名有了秋天的萧瑟之感。

可是，前几日京郊孩童的说唱莫非和武元衡遇刺事件有关？现在不正是打麦时节么？宰相死在六月三日，而且姓武……正在收拾行装的白居易还是"不合时宜"地将这些细节联系到一起。此时，监督他赶紧离京、快速远赴贬所的官员的声音惊醒了他，他连妻女都没来得及带，就慌忙上路了。

"再不走，恐怕性命堪忧！"白居易感叹着。他从长安繁茂梧桐树的知了声里出发，过秦岭，在商州稍作停留，和家人会合之后，拖家带口，经汉水，入长江，顺江水而下，经过几个月的奔波，终于抵达江州。《初贬官过望秦岭》记录了他初遭贬谪时的心情：

草草辞家忧后事，迟迟去国问前途；
望秦岭上回头立，无限秋风吹白须。

这一年，白居易四十四岁。

白居易和李建依依惜别。这时正是夏日，但这送行的场
面让人莫名有了秋天的萧瑟之感。

三

初来江州之时，白居易心情苦闷，"独在异乡为异客"的感觉非常强烈，他常常一人呆坐，遥望长安，感慨生不逢时，报国无门。可是时间久了，他逐渐发现了江州的好处。江州刺史崔能素闻白居易的名声，对其才华很是仰慕，处处关照着他。此外，这里虽然偏僻，却有好山好水，濒临浩浩荡荡的长江不说，东南灵秀之地庐山也就在不远处，再往南去，就是云波浩渺的鄱阳湖了。

"江州司马"是个闲职，无繁冗的政务劳心伤神，白居易干脆避入庐山，一洗浮华之心。山中有许多佛寺，礼佛谈禅，这正是他喜爱的。他在庐山深处建了一座草堂，并书《草堂记》一篇。这草堂的位置绝佳，处于香炉峰和遗爱寺之间，风光秀丽，禅音空灵。冬天，他约来好友刘十九等，于天将黑未黑之时，欲雪未雪之际，围着红泥小火炉，开怀畅饮着绿蚁新醅之酒，谈玄论道，吟诗奏琴。白居易沉浸在山水诗酒间，暂时忘记了俗世的烦恼。他在此结交了不少僧人朋友，还特意在草堂里面立了两块素屏，上面空空如也，以表示自己心无杂念。

沉静下来的白居易杰作纷呈，那篇著名的梳理自己创作理论与思想的《与元九书》便写在这个时候，以抒心怀，其中云："十年之间，三登科第，名落众耳，迹升清贯，出交贤俊，入侍冕旒。始得名于文章，终得罪于文章。"

元和十一年（816）秋天，白居易已经在江州待了整整一年了。这一天，他来江边送别友人，却忽然听到一阵铮铮的琵琶声。

"且慢！"友人步入舟中，正欲发船，白居易突然冲对方挥手，示意他稍作停留。随后，他将马匹交给码头上相熟之人，带上随从一起跳上友人的船，要求船夫划动橹桨，向琵琶响起的地方靠近。

船在芦荻里漂荡，四下寻找音乐的发源处。终于，声音越来越清晰了。"好一艘隽秀的小船！"白居易不禁轻声赞叹。光亮从雕花的窗棂间漏出，照得周围的水面激滟起来，在这黑沉沉的夜里泛出些许暖意。舱门上的花幔柔柔长长，在秋风中曼舞。

白居易命人上前与船家说明来意，想邀请琵琶乐师弹奏一曲。对方朝白居易乘坐的船打量了半天，问明了身份，回身禀报去了。

夜，在等待中越来越深了，江上的船只渐渐稀少。

"这琵琶的弹奏之人应该是位年轻的女子。"友人道。

"不，这琵琶声颇有沧桑之感，我想，会是位年长些的妇人。"

猜测之间，一位妇人"犹抱琵琶半遮面"，袅袅婷婷而来，她神情安静，优雅从容，上了白居易的大船。

白居易躬身示意，做出邀请对方弹奏的动作。女子并未推托，待一坐定，便手抚琴弦，颔首而奏。

琵琶声在耳边响起，乐声忽缓忽骤，音调忽高忽低。这乐声中有欢愉，有悲伤，有愤怒，有无奈……弹到激切处，仿佛珍珠"噼噼啪啪"地掉落玉盘。白居易一众人如闻狂风，如罹暴雨，又好像来到山涧中，听见了鸟儿呢喃。

一曲终了，大家纷纷举杯夸赞。白居易亲自上前，为女子斟酒，并命人在靠近自己的席间加座，请妇人移步过来。此时的船窗之外，天色不知何时已放晴，月亮升起来了，船已泊至江心。夜幕之下，一江秋水缓缓摇动，如壶中琼浆，令人酣醉。

这一聊不要紧，原来这女子竟然是从京城而来，自小学得琵琶立身，当日曾经红遍长安。年岁渐长之时，又遭遇家庭变故，不得不辗转南下，草草嫁与一个商人。商人重利轻离别，一月之中有半月不在，女子只得独守空船，漂泊江上，借琵琶排遣心中的离愁与烦闷。

女子絮絮地诉说，白居易静静地听，不知不觉间，眼泪"滴滴嗒嗒"地洒落衣衫。"同是天涯沦落人，相逢何必曾相识，这世间最伤心之事，莫过于美人迟暮、英雄末路！"白居易喃喃道。他虽然身在江州，却无数次梦回长安，回到了自己意气风发的二十九岁，彼时自己进士及第，挥笔写下"慈恩塔下题名处，十七人中最少年"的句子，而如今，却已华发早生，流落天涯，只能用"荣枯事过都成梦，忧喜心忘便是禅"麻醉自己。

"乐天，乐天！"友人轻轻推了下他。

一曲终了，大家纷纷举杯夸赞。白居易亲自上前，
为女子斟酒。

白居易这才意识到有点失态，连忙擦去脸上的泪痕，青衫的袖子都湿了一大片。他发现友人的眼圈也是红红的，周围一片叹息之声。

正所谓："座中泣下谁最多，江州司马青衫湿。"

"知音，知音难觅，快，快，再弹一曲！我等为君侧耳听！"他大声说。

船舱里重新恢复了宁静，琵琶女收拾情绪，再次弹奏，大家平心静气，细细聆听。

乐声在深夜的江面上回环，不同的曲子，相同的人，但是，这一次，听到的怎么全是前途渺茫、凄凄别离、感士不遇的哀怨呢！

最忆东坡红烂漫

一

元和十四年（819）三月二十八日，一只轻舟溯长江而行，经鄂州（今湖北武昌）、岳州（今湖南岳阳）往西，冲进水流湍急的西陵峡、巫峡、瞿塘峡，最终停泊在山峡深处。

"大人，您请下船，忠州（今重庆忠县）到了！"

白居易一觉方醒，迷迷糊糊中，觉得船只静止了，听得耳边有人呼喊，便对杨夫人说："仅是从三峡到此，都有千余里，江州更是遥远，一路惊险，总算一块石头落了地。天将黄昏，今晚可以睡个安稳觉了！"

"夫君，胸口闷得很，是不是要下雨了？"杨夫人牵着阿罗的手，跟在白居易的身后，仰首望望天，有点紧张。行简带着阿龟，招呼下人搬运行李。

"哪里是要下雨，这种天气，是气候的原因。西南是烟瘴之地，忠州常年水汽蒸腾，光照甚少，初来乍到，难免身体不适，莫怕，日子久了会习惯的。"白居易几句话说得夫人心里踏实了不少。

"大人，这当地官员真是没规矩，迟迟不来迎接新郡守！"随从环顾四周，发现旁边除了只破渔船，并无人马车辇，便小声抱怨。白居易没有搭腔，大步流星往岸上走。忽见城边有几个身影在往这里移动。紧跟着，一个沧桑的声音传来："乐天，有失远迎！"为首一位五十上下年纪，花白胡须，目光炯炯。

"哎呀，这不是李六吗？"白居易发现来人竟然是即将卸任的忠州刺史、故人李景俭。这李六是大唐宗室，为永贞革新的参与者，他们之间虽然交往不多，却有不少共同的朋友，如元稹、李绅等，因此，二人颇感神交已久。

昔日，他们都曾是京城的风云人物，如今落魄忠州，同命相怜，"他乡遇故知"的暖意瞬间在心头升腾开来。两人眼圈发红，良久，李景俭才道："乐天，我可把你盼来了！"说着，他冲身后招招手。几个人聚拢过来，他们像是刺史府的衙役。这几个人个头不高，都是小圆脸，衣服上斑斑驳驳，见了新郡守也不跪拜，只是伸长了脖子，直愣愣地盯着看。这闭塞之地，"吏人生梗都如鹿"，白居易忍俊不禁，心中生出一句诗来，仿佛眼前呆立的真的是几只蠢蠢的梅花鹿。李景俭仿佛看穿了他的心思，苦笑着说："乐天，恐怕要委屈你了，忠州僻陋，人口不足五万，此处刺史的礼遇，无法与京畿、中原比，好在这几位都是本地人士，有什么不清楚的，但问他们无妨。"然后冲手下厉声道："还不过来见礼！"吏人们这才上前作揖。在江州待了四年，白居易本已觉得仕途暗淡无光，所幸老友崔群在朝中斡旋，才得以量移忠州，这是别无选择中的选择。可置身此地，面对荒村一般的州治，陌生的蜀腔，白居易难免感到失望和沮丧。

"乐天，随我来，郡斋给你收拾出来了，你们先将就着住，今晚我在荔枝楼给你接风！"李景俭命人找了轿子，抬上家眷，拉着白居易往城里走。行了许久，来到了一叠高耸入云的石蹬下面。景俭道："这是州门，进去就是府衙！"白居易暗地里叫苦：这街上崎岖不平，别说坐车，连块平整的地面都不好寻。众人只得跟在景俭身后，在滑腻的石阶上攀爬，累得满头冒汗。待抵达郡斋，一家人早已气喘吁吁。

二

在忠州，白居易的生活颇为规律。每天都是晨起、处理公务、夜寝。日子平静得像白开水一样，淡然无味。

忠州宝刹遍地。这里不仅有众多的私寺，更有皇家敕建的龙昌寺、开元寺等官寺，佛寺里留下过唐玄奘西天取经的背影和从杜子美心中溢出的诗篇。最大的古寺，当推龙昌寺。这寺庙建得奇特，它在城西二里处，分上、中、下三寺，卧于山岭间，藏在瀑流里，水噪禅静，可比仙境，无疑为最好的养心之所。

"阿龟、阿罗，今日至此，你兄妹二人想起何诗呢？"白居易问侄子和小女儿。

"伯父，'空山不见人，但闻人语响'。"

"阿爷，我，我想不出，只记起'飞流直下三千尺，疑是银河落九天'！"

夏日傍晚，一阵细雨过后，天空忽地亮了，晚霞映入深潭，碧绿中衬托出红光。白居易拄着藤杖，登上了龙昌上寺，孩子们攀登到高处，十分兴奋，从大汗淋漓的仆人背上跳下来，"叽叽喳喳"说个不停。

"我倒是想吟'鸟鸣山更幽'！孩子们，今夜晴好，恰逢月中，我们就下榻在此禅院，听澜，赏月，如何？"看孩子们玩得开心，白居易心情大好。

"太好了，不用下山了！"孩子们欢呼雀跃。

"阿罗，往下望，长江环抱着我们脚下的这座山呢！"

"哥哥，我不敢，怕滑落崖间。"

"嘿，胆小鬼！"

“妹妹，瞧这荔枝，水灵灵的，哥哥帮你剥一颗尝尝？”

山崖边的荔枝到了成熟的季节，成串的果实睡在小伞般的叶子下面，像霜染的橘子，又像初生的鸡蛋，分外诱人。阿龟伸手去摘。

冷不丁有一人冲出来，捉住了他的小手：“孩子，山路湿滑，要小心！”这人穿着麻鞋，头戴斗笠。孩子们以为是跟他们闹着玩的，竟然“嘻嘻”笑了起来。白居易连忙走近，认出来人是前些日子新结识的清禅师。禅师用身体护住孩子们，把他们带到山寺的平台上，这才回过身来，叹息道：“几家欢喜几家愁呀，可怜！带孩子到山上太危险！”

白居易一愣，问道：“禅师，何出此言？”

“唉，山路狭窄，又有个孩子刚刚不小心跌落山谷，一命呜呼了！可千万要照看好自家孩子！听，孩子母亲正在撕心裂肺地哭呢！”

白居易仔细去听，果然听到有哭声在山间回荡。白居易大惊，他吩咐下人将孩子安置到禅房里，在清禅师的带领下，马上下山查看出事路段，并解囊相助，妥善处理了失事孩子的后事。此后几日，此事一直萦绕在白居易的心头。

"此处乃山民下山的必经之路！如果能筹措银钱，勘察地形，开凿一条好点的山路，就能大大减少这种事故。"白居易召集官员们商议。

"大人，谁都知道修路是造福百姓之举，但修起来太难。再说，来这里的官员大多是流放或贬谪之官，都无心长待，您何必自讨苦吃呢？"有人相劝。

白居易并不理会，安排僚属们邀请当地大户前来议事。几天之后，"叮叮当当"的开山之声就响起来了。白居易自己捐钱捐物，还四处化缘。整整半年，他吃住在此，铁了心要修条好路。官员们受到了鼓舞，全力协助他攻克难关。百姓们听说了此事，也纷纷赶来帮忙。

这一日，工地上来了位妇人，非要见郡守，白居易出来一看，正是那位失去了孩子的母亲。她带着炊具，自告奋勇，要给干活的人做饭。

一条弯弯曲曲的山路在龙昌寺底开凿出来，宽度是从前的两倍。竣工之时，倾城欢呼，山民们从山上砍了数百竿竹子来爆破，"噼噼啪啪"的声音震耳欲聋。人们手拉着手，围成一个大圈，唱起山歌，跳起了蹲蹲舞。白居易席地而坐，像当地山民一样，拽一条藤枝，插入酒瓮里，"哧溜溜"地吸酒喝。

修桥、宽刑、劝农、祭祀风伯，白居易采取了一系列因地制宜的政策，使这片荒凉的土地焕发出了勃勃生机。

三

"大人，发生天大的事情了！"

"什么事，莫要惊慌。"

"国丧！"

"啊？"

"元和皇帝驾崩了，太子即位！"

元和十五年（820）正月，灶台上尚未散尽过年的余温，就来了一个晴天霹雳。

在白居易的前半生里，唐宪宗李纯无疑是至关重要的人物。他对白居易既有提携之恩，又有弃置之虐。宪宗赏识他，充分发掘他的才能，将他擢为翰林，并念其家贫、母病等艰难状况，容其自选俸禄相对优厚的京兆府户曹参军之职；却又听信佞臣谗言，将他打入谷底，贬到江州，令他在壮年之时，无法在政治上有所作为，至今还滞留在烟瘴之地。想起过往，白居易的心情十分复杂。

"之前并未听闻皇帝有何不治之症，忽然以四十三岁的年纪暴毙宫中，此事蹊跷。"白居易急忙写诗一首，题为"奉酬李相公见示绝句（时初闻国丧）"，寄给朝中的李绛。一来，李绛曾任宪宗朝宰相，熟悉情况；二来，两人交情颇深，李绛能理解自己对先帝的感情。诗云：

碧油幢下捧新诗，荣贱虽殊共一悲；
涕泪满襟君莫怪，甘泉侍从最多时。

李绛很快回信了，劝他节哀顺变。信中并未多说，只是称元和皇帝崩于大明宫中和殿。不过，有关皇帝的种种传言，民间已传得沸沸扬扬，白居易还是猜到了八九分。

这位一手缔造了"元和中兴"局面，一度给大唐带来振兴曙光的有为君主，沉迷于金石丹药，疯狂寻求长生不老之术。宪宗的身体越来越差，性情也越来越狂躁，裴度、崔群等正直之士被他疏远，身边聚集着皇甫镈、柳泌等佞臣、方士。皇子们明争暗斗，朝堂上阴云密布。据说，陈弘志受太子李恒的贴身太监王守澄指使，以送药的名义进入皇帝寝宫，对皇帝下了毒手。

服国丧期间，白居易忙于植树造林，将城里城外的不少荒地都开垦了出来。他在巴子台前插下成排的柳树，又尝试着多种荔枝。忠州物产奇特，木莲花开得绚丽，荔枝"瓤肉莹白如冰雪"，但"云埋水隔无人识"，他请画工将这两种稀见的花果绘出来，自己亲自作序，馈赠亲友。此种珍爱之意有《画木莲花图寄元郎中》诗为证："花房腻似红莲朵，艳色鲜如紫牡丹；唯有诗人能解爱，丹青写出与君看。"

他最喜欢的是城东那块坡地，春末夏将至，他走在新叶初发的"东坡"上，徐徐吟出一首小诗《步东坡》：

朝上东坡步，夕上东坡步。

东坡何所爱，爱此新成树。

种植当岁初，滋荣及春暮。

信意取次栽，无行亦无数。

绿阴斜景转，芳气微风度。

新叶鸟下来，萎花蝶飞去。

闲携斑竹杖，徐曳黄麻屦。

欲识往来频，青芜成白路。

"过不了几年，这里将会硕果累累！"他盘算着桃、梨、李的挂果周期，忽而为树捉虫，忽而剪裁枝叶，老农般穿梭在绿树繁花间。

他坐在树丛间小憩，从袖间抽出一封书信，杨八的音容笑貌浮现在眼前。杨八名归厚，是他的莫逆之交，如今在万州（今重庆万州）任职。自从白居易来了巴南，两人书信往来频繁。从修路，到造桥，再到种桃、杏、荔枝，经常交流。这不，白居易尝到了胡麻饼，赶紧给他寄了几个，并附诗道："胡麻饼样学京都，面脆油香新出炉；寄与饥馋杨大使，尝看得似辅兴无？"

时值正午，白居易累了，他干脆躺在坡下的平台上，将书信搭在脸上，闭目养神。"这是块宝地呀！"他似是自言自语地说。

"大人，您是说东坡么？"旁边的随从小声问道。

"嗯，东坡，不、不，整个忠州都是块宝地！"他突然提高了声音，大声吟唱起来：

> 巫峡中心郡，巴城四面春。
> 草青临水地，头白见花人。
> 忧喜皆心火，荣枯是眼尘。
> 除非一杯酒，何物更关身？
>
> 《感春》

然而，此时此刻，召他回京的紫泥诏书正从长安疾驰而来，他的命运即将迎来新的转机。

惟惭老病披朝服

一

郡斋门口被围得水泄不通，州民们有的担着山鸡，有的手捧莲子，还有的拎着成筐露珠莹莹的荔枝，赶来给郡守送行。刺史的绯红衣装已经脱下，叠得整整齐齐，放在一边。白居易神清气爽，浅青色的官袍上了身，衬得黑黢黢的皮肤洁净了不少。他即将赶赴长安，担任负责门禁关卡出入登记、货物征税等事宜的尚书省司门员外郎。

"大人，百姓们忘不了您的大恩大德！"那位丧子于龙昌山崖间的母亲站在最前面，抓住白居易的行李，不愿意松开。

"诸位一定要好好爱惜新修的路和桥，代我照看好东坡的果木。郡庭中的几棵荔枝，须耐心打理。每年龙昌寺的莲花开时，别忘了修书一封告诉我……"白居易反复叮咛。

"红颗珍珠诚可爱，白须太守亦何痴；十年结子知谁在，自向庭中种荔枝。"一群孩子唱着白居易的诗跑来，将他团团围住。

在人们的簇拥下，白居易一步三回头地离开了忠州。船儿驶离岸边，他钻进舱中，最后一次回望，发现僚属们还站在江滨，往这边张望，百姓们挤在他们的身后。

船越行越远，阿罗来回扭动，在父亲的腰间到处抓挠，白居易安抚不了，急得满头大汗。"乖女，你这是在找什么？"杨夫人实在看不下去了，侧身靠过来解围。"银鱼，我的银鱼哪里去了？呜呜……"一家人顿时哭笑不得。原来，父亲换了官职，刺史服上佩戴的银鱼也随衣服一起上交了。这可是阿罗昔日心爱的玩物，父亲宠她，读书时，任她在身旁手牵着银鱼，把玩不已。白居易不禁感慨道："便留朱绂还铃阁，却著青袍侍玉除。无奈娇痴三岁女，绕腰啼哭觅银鱼。"

舟过黄牛峡，滩涂渐多，船速慢了下来。白居易坐到船头，看着两岸的绿树红花迅速倒退，江面上的渔船往来穿梭。渔人们戴着青箬笠，穿着黄蓑衣，赤脚站在舢板上。他们用力朝江心抛撒渔网，嘴里高声唱着竹枝词："瞿塘峡口水烟低，白帝城头月向西。"歌声游走在江面上，惊得山猿阵阵哀啼。一只渔船掠过，白居易激动地冲摆桨的渔翁喊道："船家，可知这曲词是哪一位做的么？"

"晓得，自然是俺们的白太守。"

白居易会心一笑，看来，自己的诗文已经在忠州的民间扎下了根。温暖的江风在他的发间穿过，几缕银丝若隐若现，他又吟起了作别东坡时写下的《别种东坡花树两绝》：

三年留滞在江城，草树禽鱼尽有情；
何处殷勤重回首，东坡桃李种新成。

花林好住莫憔悴，春至但知依旧春；
楼上明年新太守，不妨还是爱花人。

白居易的忠州生活充其量也就两年，但这无疑是他颇有建树的一段时光。他在接近知天命的年龄里，造福一方，赢得了忠州人民的爱戴。

"江州、忠州，六年不死却归来！"漫长的贬谪生涯自此而别，终于要重回长安了，他心中的郁闷一扫而光。他已四十九岁，再登朝堂，还会是当年那个言辞咄咄、报国心切的意气郎吗？

二

此次回京，白居易最为高兴的事情，莫过于和旧相识们的重新聚首。正因有老友们鼎力帮忙，他的回京之事才如此顺利。功勋显赫、乐于提携后进的裴度已是朝中举足轻重的元老。元稹，他最好的朋友，已经先他一步回到朝中，深受新皇帝赏识，官拜祠部郎中、知制诰。李建，那个在白居易骤然被贬的凄风苦雨里挺身而出，为他饯行的好兄弟，也已经是刑部郎中了。同一年出生的崔群，早就在政治上大显身手，现在是吏部侍郎。听说，当年的同榜进士杜元颖，很快要登上宰相的高位了。

和白居易前后脚，韩愈也从潮州重返长安，任国子祭酒。国子祭酒是中央官学国子监的最高长官。此职在安史之乱之前，都是由大儒担任，此时地位虽然有所下降，仍然不可小觑。

白居易对韩愈向来尊敬，不仅因为他掀起了声势浩大的"古文运动"，大力革新诗文，还因为他的忠直和刚正。

心心念念回长安，真正到了京城，和友人觥筹交错间，目睹满座尽是朱紫官服，白居易自觉官位不高，很难大有作为，又有了隐隐的不快。让他愉快的是韩愈的大弟子张籍常来看望，二人常常诗酒唱和。张籍年长白居易几岁，乐府诗作得好，当年官职低微，无人理睬时，经常向白居易投诗求教，得到了白居易的热情回应，因此对白居易十分感激。相交近二十年的老友归来，张籍尤其开心，不顾眼病正重，常来看望。两人经常在一起饮酒谈诗，彼此之间有很多启发。

这年冬日，雨雪纷纷，白居易和友人又一次围炉小酌之后，踏着湿泥，回到暂居之处，悄悄抱怨："吾老矣，体弱多病，眼前黑鸟乱飞！"话

让白居易愉快的是韩愈的大弟子张籍常来看望，二人常常诗酒唱和。

音刚落，诏书便至，巧的是，竟然是元稹书写。诏书云："朕尝视其诗赋，甚喜，与相如并在一时……"唐穆宗知晓白居易三登科第的事迹，欣赏他的文笔，改授他为主客郎中，兼制诰。

"这官职体面，夫君不仅可以出入重要场合，接待大唐宾客，还可以用笔效力皇家。"待贺喜之人散尽，杨夫人给白居易奉上自煮的山泉茶水，喜不自胜。白居易接过茶盏，过了半晌，幽幽道："皇上隆恩，不可辜负，定当尽力。一起兼任制诰的还有元稹、李宗闵等，元稹同我一起起步，宗闵乃吾学生，如今品阶均比我高，老夫难免为虚名所累，为自己老有所用而惭愧。不过，方才听元稹撰写的制诰，高古典雅，明晰自然，一改近世俗语，我定当助其一臂之力，廓清文风。"

"夫君一向为官清正，思虑朝廷之事，考虑个人极少，辗转半生，才攒下一些余俸，政事之余，营房造舍要紧，好为我们母女寻得容身之处。"杨夫人提醒道。

此次归来，老友们纷纷替白居易着急，尤其是张籍，到处打听，帮着物色房屋。白居易磨破了脚，于长庆元年（821）春天，在长安城东南的延兴门附近选定了一处宅院。

这房子在新昌坊，虽说离大明宫比较远，但距杨夫人娘家兄弟杨虞卿的居所却比较近。置身院落之中，白居易十分满意，觉得前可望丹凤楼，后可观青龙寺，视野极好。门楼阔大，可停车马，堂屋敞亮，摆得下宴席。白居易便倾其所有，买下此宅。

五十岁才得此庭院，白居易分外珍惜，便煞费苦心地改造了一番。他找人加固了房梁，将漏雨的屋檐换了新瓦，用几根新木替换掉被虫啃坏、已经腐烂的椽子。院子里长满蒿草，他率人清除干净，一遍遍洒水清扫。庭下原本有十棵松树，高高低低，参差不齐，但长势还行，白居易不忍拔去，便去掉冗枝，在根部又添新土。

庭院面积有限，无法再栽高树，白居易就种了两株芭蕉，还选了数竿绿竹，插在北窗之下。见东篱边上尚且荒芜，他觉得有点可惜，就买了些菊花、兰草、芍药。家中有孩童，为了防止下雨滑倒，他特意在院中铺了些细沙。

这处宅院旧貌换新颜，变得精致雅静起来。倘若晴日，下朝之后，白居易便将床榻移到院中，晒背曝足，杨夫人则卷起罗帘，当庭做女红，阿罗、阿龟相互追逐，戏沙赏花。倘若遇雨，杨夫人就焚香净室，白居易手抚琴筝，孩子们在一旁温书观画。竹叶声声，燕、莺躲进檐下，雨水溢满瓦沟，落在芭蕉之上，"啪嗒嗒"响个不停。白居易吟诗道："省史嫌坊远，豪家笑地偏；敢劳宾客访，或望子孙传；不觅他人爱，唯将自性便；等闲栽树木，随分占风烟；逸致因心得，幽期遇境牵。"

随后，行简以哥哥为榜样，当了左拾遗，堂弟白敏中高中状元，杨夫人也被加封了"弘农郡君"的邑号，亲人相聚，其乐融融。白居易心下泰然，常于家中设宴，与众人把酒言欢。

虽称自己年迈体衰，感叹"惟惭老病披朝服"，但是能再次亲近皇帝，为君所用，白居易丝毫不敢懈怠，他使出浑身解数，勤勤恳恳地报答君恩。很快，他被加封朝散大夫，转上柱国。随后，又被升为正五品的中书舍人，进入西省草诏。白居易匡时济世的热情再次高涨起来。

长庆二年（822）新年，白居易愁眉不展，被河北之乱搅得坐卧不安。安史之乱后，河朔三镇的局势始终关系着整个唐王朝的安危。长庆元年（821），皇帝派去的成德节度使田弘正被手下王廷凑杀害。王廷凑逼迫朝廷封其为节度使，穆宗不同意，派白居易去宣谕，以田弘正之子田布为魏博节度使讨伐王廷凑。田布赠绢五百匹，表示酬谢，被白居易拒绝。皇上颁令让其接受，白居易回答说："田布之父新亡，家仇国耻未雪，正是用钱的时候，我不能耗费他的资财。"皇帝只得依他。这年十月，朝廷以裴度为统帅，以韩愈为兵部侍郎，率领十万大军，与王廷凑开战。可是，叛军气焰嚣张，战事旷日持久，苦无进展。正月初五这天，白居易怀揣一腔爱国之心上《论行营状》，详陈军事形势，提出平叛策略。然而，连上三道奏疏，均遭到冷落，他的情绪又低沉起来。

　　朝中之事纷繁复杂，白居易在各种夹缝中艰难地寻求报国之路，常有心力殆尽之感，渐生远离之心。这一日，白居易和行简很早就起身，并马而行，共赴大明宫。

“阿连，快快随我上朝去！”

“好嘞，哥哥，今日风大，到大明宫路远，您得加衣。”

“阿连，昨日圣上赏赐我等几位臣子一碟樱桃，我至今唇齿留香，此物近看晶莹剔透，似玉珠大小，可谓珍果，与此相比，忠州的荔枝也逊色三分。”

“哥哥，小弟羡慕不已，京中奇珍异宝数不胜数，你我兄弟若不入京，哪能大开眼界！”

“吾皇隆恩，我等自是不可辜负，但不瞒贤弟，主上年幼，为兄我年事已高，实难揣摩圣意，最近一段时日，战战兢兢，如履薄冰，分内之事，不敢有半点疏漏，可是两河再乱，民生凋敝，每每上书言事，皇上都置若罔闻。此外，朝中朋党倾轧，宦官权势如日中天，实难有所作为。愚兄我想谋得一郡，远离朝廷，像忠州时那样，简政宽刑，为民谋福，也借此机会寄身山水！”

行简大吃一惊，讶异道：“哥哥可曾深思熟虑？”

“近日思虑再三，只待时日，便打算向圣上提出！”

"哥哥可有目标？"

"人间天堂，地上苏杭，我年轻时曾避祸于此，终生难忘。"

江南好，风景旧曾谙

一

长庆二年（822）七月，白居易梦寐以求的外任杭州刺史的诏书下达。唐代的杭州，治所在钱塘，辖钱塘、富阳、余杭、盐官、新城、临安、紫溪、武隆八县。白居易雇了一艘大船，迫不及待地向杭州进发。

行舟途中，正欲举杯小饮的白居易想起一件事，便问妻子："夫人，你可曾听闻房孺复之名？"

杨夫人摇摇头，一脸茫然。

"韦应物呢？"他接着问。

"你不是常吟韦苏州的诗么？我的耳朵都快磨

出茧子了。"

闻听此言，白居易乐得胡须都翘起来了，连连称赞道："不愧是高门之女，刺史之妻，纵使不读书，也知晓诗坛事。"

"夫君怎忽然提起他们来了？"被他这么一夸，杨夫人兴致来了，好奇地追问道。

"这两位均为奇人，和苏、杭有关，房孺复是宰相房琯之子，在杭州为刺史时，恰巧韦应物是苏州刺史，二人一个爱酒，一个嗜诗，一拍即合，常呼朋引伴，一起宴集。当时我才十四五岁，路经江南，对他们的诗酒之宴心驰神往。此次到杭州，一则可以尽力治郡，二则也可纵情诗酒！"

"唉，要说你这老头子，急流勇退，离开朝堂，连我这妇道人家都佩服不已！"

"不老，不老，五十出头不算全老，还可以高声咏篇章，大笑飞酒盏。"说着，白居易再酌一杯。

"阿罗呢？喏，阿爷官服上的银鱼又回来了，阿龟没来，这次再没人跟你争抢喽！"白居易摸着阿罗头顶的发髻，用宠溺的眼神看着她。

时光荏苒，岁月如刀，同时在孩子和父母身上雕刻着健壮和衰老。阿罗忽地六七岁了，乌发黛眉，阳光洒在她红扑扑的小脸上，连小豁牙都那么可爱。再看看自己，鬓发半白，皮肤松弛，自诩不老，其实已经是老朽一个了。不过，孩子是父母的定心丸，看到生命在他们身上得到延续，他感到十分欣慰。他对着水面，念出一首《吾雏》诗：

吾雏字阿罗，阿罗才七龄。

嗟吾不生子，怜尔无弟兄。

抚养虽骄騃，性识颇聪明。

学母画眉样，效吾咏诗声。

我齿今欲堕，汝齿昨始生。

我头发尽落，汝顶髻初成。

老幼不相待，父衰汝孩婴。

缅想古人心，慈爱亦不轻。

蔡邕念文姬，于公叹缇萦。

敢求得汝力，但未志交情。

"卖银匙了，男孩、女孩都可以用！"

船窗外突然传来叫卖声，白居易探头一看，船已抵达钱塘江码头。商贩立在岸边高一声、低一声地嚷嚷着："这位大人，看您相貌不俗，定是有福之人，给孩子来把银匙吧，能护佑孩子一帆风顺。"白居易买了两把，一把递给身后的阿罗，另一把让人寄给长安的阿龟。

随后，他丢下行李，绕开候迎的当地官员，大跨步向前，来到岸边。只见他双手捧起细沙，用力洒向江中，喊道："余杭，我来也，你可记得当年打马而过的少年？"

声音淹没在潮声里，风翻白浪，送来阵阵凉意，画舫、楼阁如海市蜃楼般迷离，大雁排成长队，飞上青天，在天际画成了"一"字。

二

北方到了秋天就万木凋零，一片衰杀，令人心生悲凉，江南的秋天却来得更晚一些，到了十月，依然有萋萋草色。这时的余杭沉醉在潮声和桂香里，正是鱼肥水美的季节。钱塘湖在杭州城的西部，当地百姓称为"西湖"，周围湖光山色，美不

白居易买了两把银匙，一把递给身后的阿罗，
另一把让人寄给长安的阿龟。

胜收，是白居易最常流连的地方。太守处理完公事，常招手拦下一艘画舫，邀来三两好友，端上新鲜菜蔬，打开一瓮新酒，听歌女笙歌，看舞妓罗裙轻旋。或者就留宿在灵隐、天竺二寺中，看云卷云舒，潮起潮落。

"新朋虽好，不如老友交心！"歌舞升平之时，他常感故人稀疏，为李建、王质夫的离世黯然神伤。正当此时，元稹担任了浙东观察使、越州刺史，经过杭州，来探望白居易。湖州任上的崔玄亮，离他们也不远。故人重新聚首，三人唱和不断，将诗歌结为《三州唱和集》。

杭州的地下水咸苦不堪饮用，饮用水尤其难得。白居易敬仰的前辈李泌任杭州刺史时，在涌金门至钱塘门之间的湖滨开凿了相国井、西井等六口井，用竹子做成管道，从西湖中引水入井。百姓绕井水而居，自此饮水无忧。可是，几十年过去了，这些管道无人清理，堵塞严重，水质变得浑浊。白居易带领大家挨个察看，主持疏浚，重新发挥了六井的作用。

西湖关系着杭州一带农田的灌溉。农人靠天吃饭，祈盼着风调雨顺，但往往天不遂人愿，白居易在郡之时，杭州年年春雨秋旱。他和农人一样心急如焚，经过实地考察，决定治理西湖。他召集官民，将西湖的堤坝筑牢，并加高数尺，建成大堤，使湖变深，在雨季盛蓄更多的水，以防洪水泛滥淹了庄稼。旱季到时，便开闸放水，灌溉农田，并且根据田亩数量控制用水。此举一出，千余顷农田变得四季肥润，农业生产有了保障，农人收成丰足。

"这白太守是位好官，不仅擅诗，郡也治理得好！"这样的太守深受州民喜爱，无论他走到哪里，都有百姓认出，众星捧月般地追慕他。

白居易此时的俸禄，养活家人已经绰绰有余，他毫不吝惜地将一笔钱留存在州库，以备日后疏浚西湖之用，供继任的长官周转。据说，此举造福杭州数十年之久，直至黄巢攻入杭州，文书被焚烧，这笔银钱才去向不明。

白居易最放心不下的还是这西湖。这一日，他正提笔作诗，头脑里突然冒出一个主意：不如把西湖利害及灌溉之法用文字记下来，刻在石头上，立在西湖边，以警示后人。"钱塘湖一名上湖，周回三十里……"一篇《钱塘湖石记》代他守在湖水旁，指挥州人蓄水，开闸，应对旱涝变化。

三

在杭州治郡三年，白居易的守土之能已经传入京师。宝历元年（825）三月，朝廷下诏，令他担任苏州刺史。白居易年轻时曾多次幻想，长大后，如若能担任一郡的太守，将体恤万民之心付诸行动，就心满意足，没想到，自己能以刺史之尊，先后统领杭、苏两郡，不禁受宠若惊。

亲民的白太守和州民们见面的方式别开生面。他抵达的那天正是端午节，家家户户门上都挂满了芳香避秽的艾草，人们挤满了河岸，争看青壮年男子赛龙舟。女子们将煮熟的甜粽子投入湖中，引来鱼虾争吃，孩童的手臂上缠绕着五彩丝线，满街奔跑。白居易不顾舟车劳顿，出现在人流中，每朝百姓躬一次身，就引来一阵喝彩："余杭的白使君来苏州了，白太守风流天下闻，您可要为我们多作些诗篇哟！"

白居易激动地连连应允：“不仅要奉送诗篇，还会夙兴夜寐，勤勉治郡，为人杰地灵之吴郡锦上添花！”

“白太守，小民们听闻，西湖被您治理得好呀！”百姓争相夸赞。

“分内之事，何足挂齿！”白居易抱拳道。

“太守诗中经常提到隐居，吴郡好风月，且莫抛官去哟！”百姓生怕他在苏州不能久待，又被朝廷召回。

他们不知道的是，白居易其实不愿意回到朝廷。这些年，朝中皇位不断更迭，穆宗已薨，这个昏庸无能、沉溺于玩乐的皇帝打马球之时，看到一位太监意外坠马，竟然吓得中风。他和父亲一样，痴迷于金石之药，最终暴卒宫中。白居易担任苏州刺史，是唐敬宗继位之后的事情了，这位皇帝只有十五岁，更是只知玩乐，听任宦官弄权。在这样的朝堂为官，倒不如到苏、杭这样风景旖旎的州郡做些实事。

苏州水多，可称为“水城”，家家枕水而居，道路却十分狭窄。五月是梅雨时节，河水漫涨，溢出了低矮的堤岸，从阊门到虎丘一段的道路上到处是水，百姓只能绕行到田间小路上，颇为不便。白太守率人筑高了河堤，疏通、重修了此段道路。

白居易自然不会让水面和堤岸空置，任水草滋生。他招呼僚属，买来荷花、水菱种在塘里，岸上则栽上桃、杏两千株。仅仅一年，方圆几里就焕然一新。

白居易正欲大力改造苏州，广行仁政，施惠百姓之时，却不小心从马上摔了下来，伤了腰部，脚也扭了。报恩寺的老僧上门探望，发现他除了有外伤，还咳嗽得厉害，眼病复发，头风也犯了，便劝他不要心急做事，静心调养些时日。

"不服老不行，饮酒损肺，食肉腥伤慈悲之心，我须斋戒养身了。"白居易不无担忧地说。他开始不吃荤菜，并下决心断了酒，终日素食。

郡庭中的白莲开了，白居易对此物情有独钟，他特意选了两片苏州的青石，将白莲的块茎分了几枝出来，精心包裹好，托人带到东都洛阳去，并叮嘱家人将它们安置到履道里的新宅。东西寄走了，他又自责起来，担心因此坏了自己清廉的名声。更为奇怪的是，他从此心神不宁起来，仿佛心也随着物品一起回了洛阳，终日嚷嚷着："公私颇多事，衰惫殊少欢；迎送宾客懒，鞭笞黎庶难；老耳倦声乐，病口厌杯盘；既无可恋者，何以不休官。"

真正促使他下定决心的是行简之死，这使他椎心泣血，想到阿连缠绵于病榻之时，他却不曾陪在身边，悔恨不已。兄弟已殁，阿龟需要照顾，阿连生前曾和他约定，要一起回洛阳颐养天年，最终却未能兑现。现在，是回洛阳的时候了。

"白太守要走了！"

"一定要留住太守！"

送行的场景分外感人，赶来送别的好友——和州刺史刘禹锡看在眼里，做《白太守行》以记之，其中云："闻有白太守，抛官归旧谿；苏州十万户，尽作婴儿啼；太守驻行舟，阊门草萋萋；挥袂谢啼者，依然两眉低。"白居易答了一首《答刘禹锡白太守行》，以表辞当太守的愧疚。诗是这样写的：

吏满六百石，昔贤辄去之。

秩登二千石，今我方罢归。

我秩讶已多，我归惭已迟。

犹胜尘土下，终老无休期。

卧乞百日告，起吟五篇诗。

朝与府吏别，暮与州民辞。

去年到郡时，麦穗黄离离。

今年去郡日，稻花白霏霏。

为郡已周岁，半岁雁旱饥。

襦袴无一片，甘棠无一枝。

何乃老与幼，泣别尽沾衣。

下惭苏人泪，上愧刘君辞。

    白居易满斟了一杯酒，敬在场的苏州父老，也敬这苏州的好山好水，然后一仰头，一饮而尽。就这样，白居易告别了他的江南，但江南一直留在他笔下，多少年后，他还在《忆江南》中反复回味。

白居易满斟了一杯酒，敬在场的苏州父老，也敬这
苏州的好山好水，然后一仰头，一饮而尽。

老爱东都好寄身

一

从苏州归来，白居易到长安任了秘书监，掌管国家典籍，成为他的起步之职校书郎的长官，后又转任刑部侍郎。大和三年（829）春，他在东都任太子宾客，从此得以长居洛阳。

"我虽不比刘郎阅历丰富，也曾以足丈量天涯，可惜朝中混乱，阉人弄权，近年来，只能以文酒自娱，未成大器！五十余年如白驹过隙，你我已蹉跎终老，好在有洛阳可以收留我们！"他呷了一口酒，对老友刘禹锡说。

白居易的话，吐露了关于家的情思。下邽，那里是他的老家，渭河边上的村落里有祖屋，可是早已归不得。那里虽能埋葬他的亲人，却早无法安放羁旅在外的他那颗千疮百孔的心。长安更是无法回去了。那里已经今非昔比，不再是他的舞台。新郑、符离？说来倍感凄凉，故宅荒芜萧条，难辨儿时路。江南，不，不，那只是一场梦，梦醒了，宦游的日子终究要结束，还是要回到母亲的怀抱。他们母子居于洛阳的日子，令他终生难忘。只要在洛阳，他就能梦到阿连，梦里的阿连乖巧、听话，还是他身后的小跟班。洛阳有太多的好友，元稹、刘禹锡、崔玄亮、崔群、裴度、牛僧孺……

白居易有先见之明，早早就卖了长安新昌里的旧屋，在洛阳买了房屋，这宅子的一砖一瓦均是他晚年的寄托。白家位于洛阳东南部履道里的西北角，足足有十七亩之广。洛阳城东南一带，别墅林立，多为朱门大户，白宅即为其中之一。这本是已故散骑常侍杨凭的私第，杨凭文辞出众，是刘禹锡的莫逆之交柳宗元的岳父，这样的人家，宅院自然是雅趣横生。不过，白居易还是重新修葺了一番。

大和九年（835）冬，文宗带领心腹谋诛宦官，却惨遭失败。阉人疯狂反扑，朝廷笼罩在血雨腥风之中。皇帝李昂被幽禁，宰相王涯等大臣被杀，十余家被灭族，千余人受牵连。听闻此事，正独自游香山的白居易惊出一身冷汗，写下一首《九年十一月二十一日感事而作》，感慨"祸福茫茫不可期"，为皇帝和罹祸之人扼腕叹息。

"夫人，我怎觉得有恙在身呢？"这一日，白居易宴饮归来，突然对妻子说。

"哪里不舒服？"杨夫人话音未落，就发现夫君的嘴唇抖动了几下，一会儿工夫，嘴就张不开了。

"怕是中风了！"杨夫人连忙派人请郎中。

郎中来得及时，白居易总算能说话了，被确诊为"风疾"。杨夫人心下明白，夫君年事已高，恐是不容易痊愈了。她亲自下厨，一日两次，煎汤喂药，并买来一张藤床，铺上厚厚的裘褥，让白居易躺卧在上面。杨夫人吩咐侍儿，冷天，在屋里生起红泥小火炉，将床抬到南窗下面，天气热时，移床到北窗。已经出嫁的女儿，也来照料父亲。

不幸染上重疾，终日闭门在家，白居易难免心情低落。这一日，他趁夫人不注意，让侍儿扶自己起来，发现左脚竟然抬不起来，走路都困难，便有些心灰意冷。百无聊赖之时，他终日以吟诗自我慰藉。好在刘禹锡经常来探望他，只要他一来，白居易的心情就变得舒畅起来。在亲友的鼓励下，他重拾信心，笔耕不辍。又过了些时日，他的舌头逐渐变得灵活，他开始跟刘禹锡聊过往、聊诗文，当然，也少不了聊元稹，每次说起元九，他都会忍不住感叹："吾何其有幸，前半生有微之，后半生有梦得，有此二挚友，此生不孤寂也！"听他如此说，刘禹锡便会仰面大笑。

"已经走不动了，留良驹何用？"

"家妓阿蛮、樊素还年轻，放她们走吧！"

白居易痛下决心，决定卖掉自己的马。可卖马那天，他忍不住泪水涟涟。马通人性，在他面前逡巡，迟迟不肯离去，最后被强行牵走时，仆人在前面拉，马却往后面挣，回头冲主人长嘶一声，眼眶中都是泪水。

洛阳豪贵蓄养家妓成风，白居易家的樊素和阿蛮歌舞技艺超群，号称"双姝"，他经常带二女出

马回头冲主人长嘶一声，眼眶中都是泪水。

席朋友家的宴饮活动。见他子嗣不旺，有人劝他纳二女为妾，白居易摇头。西邻裴度对阿蛮念念不忘，宁可用名马来换取，他也没有答应，她们陪他十年有余，感情很深。自己衰年已至，她们才二十出头，继续留在身边，会耽搁她们的终身大事。此生已经辜负了湘灵，致使她终生未嫁，夜间梦醒，常有负罪感，如果再连累这些鲜活的生命，就更加罪孽深重。他叫来妻子，托她给樊素、阿蛮寻觅个好人家。

杨夫人为难道："我替你问过了，二女无意离开，这可如何是好？"

"你帮我再劝劝她们，最好二人一起走，也好有个伴儿！"白居易叮嘱道。

处理好这一切，白居易浑身轻松，病体竟然日渐好转。他高兴极了，迫不及待要出门，让妻子派人用轿子将他抬到香山寺小住。这寺在洛阳龙门东山山麓的伊河之畔，建于北魏时期，香火盛旺，但到了唐代中叶，已经稍显破败。

当年，元稹因病暴卒于武昌军节度使任上的消息传来，白居易悲痛欲绝。好友的灵柩运到洛阳，他亲自去祭奠，并应其家人之请，撰写了墓志铭。元家人分外感激，一定要给他高额的润笔费。白居易分文未留，将价值六七十万钱的财物全部捐给了香山寺，用于重修事宜。香山寺经过修葺，殿阁巍峨，禅房幽静，花木蓬勃。白居易将晚年所作诗作编成《洛中集》，存于该寺藏经阁。

说来也怪，白居易住在香山的这段日子，每到夜深人静之时，总会听到舟子的号呼之声。他觉得诧异，便召来僧侣询问。原来，伊水流到龙门八石滩、九硝石一段，水面上怪石嶙峋，尖利陡峭。船只经过这里时难以通行，船工只好挽起裤管，赤脚推船，经常有船工因此病倒。白居易听了，难以入眠，心想，不知多少百姓受此苦难，大概白日里这声音也有，只不过诵经之声响彻耳畔，将之掩盖了。他立即从自己退休俸禄中拿出一部分钱，命人修整这段河道。不仅如此，他还动员富人捐财，穷人出力。河道很快被疏通，行船再无阻碍。

白居易的大才、善行闻于天下，会昌二年（842），武宗皇帝想任用他为宰相，宰相李德裕道："白居易体衰病重，负担不了朝政重任，他的堂弟白敏中辞赋与其不相上下，有宰相之才。"武宗便将敏中升为中书舍人。白居易再一次与宰相之职失之交臂。当年同为翰林的六人中，已有五人担任过宰相之职，只有他优游于洛阳的山水林泉之间。

二

会昌六年（846）八月十四日傍晚，夕阳西下，落日的余晖洒在洛阳履道里偌大的白府宅第里，皓月已经早早爬上了柳树的梢头，急于播洒清辉。池上荷花已谢，荷茎擎着伞盖兀自挺立。

"明日即是中秋，如若不是老爷贵体欠安，是不是又要高朋满座了呀？"

"是呀，自然要吟诗奏乐，欢庆佳节！"

天光尚亮，室内的灯却已经掌上，火光映在卧房门口的矮屏上。大概是为了挡风、辟邪，上面画着一只张牙舞爪的貘兽，象鼻、犀目、牛尾、虎足，似猪非猪，类犬非犬，下面有白居易的《貘屏赞》与之相配，赞云："遐哉其兽，生于南国。其名曰貘，非铁不食……"白居易侧卧榻上，颤抖着身体，对妻子说："夫人，可否帮我取来我那篇心头好？"

下人快速奉上《醉吟先生传》书帖，夫人接过，小心翼翼地递过去，一转身，却发现夫君竟然闭上了眼睛。

朦朦胧胧中，白居易看到元稹和刘禹锡在前面走，异常惊喜，拉住他们的衣袂说："等等我，等等我！"

"乐天，乐天！"夫人轻声呼唤。

"嘘，我只是累了，小憩片刻。"白居易伸手接过书帖，拿到灯下，正欲展开，却感觉眼冒金星，便颓然说："龟儿呢？"

"快，快叫阿龟！"

正在院中池北书库读书的白景受听到召唤，小跑而来。他愁容满面地问前来传话的下人："老爷今日身体如何？""精神不太好，时而昏迷，时而清醒。"

"伯父，我来了。"景受跪在榻前。

"好呀，快快扶我起身！"白居易挣扎着想坐起来，但尝试了几次，都坐不起来，只好用枕头撑在身后。

"龟儿，你把《醉吟先生传》念给我听！"

"醉吟先生者，忘其姓字、乡里、官爵，忽忽不知吾为谁也。性嗜酒，耽琴，淫诗。凡酒徒、琴侣、诗客，多与之游。游之外，栖心释氏，通学小中大乘法。与嵩山僧如满为空门友，平泉客韦楚为山水友，彭城刘梦得为诗友，安定皇甫朗之为酒友。每一相见，欣然忘归。洛城内外六七十里间，凡观寺、丘壑有泉石花竹者，靡不游。"

"且慢！"白居易突然打断了景受，努力睁大眼睛说："龟儿，我一直将你视若己出，我死后，这个家便交付于你和阿罗。丧葬一切从简，就将我葬于香山如满师塔侧，有他朝夕相伴，我心安宁。此外，我墓前的石碑上就刻这《醉吟先生传》吧！"

景受努力记着嘱托，嘴里却忙不迭说："不，伯父，您会好起来的！"

"龟儿，我曾任职秘书省，深知书籍之重要，亲自整理的毕生所作《白氏长庆集》，共七十五卷，载诗文三千八百四十首，分为讽喻、闲适、感伤、杂律四类，我已用柏木书匣装好，你千万要好好保存！此书我誊写了五部，庐山东林寺、苏州南禅寺、东都圣善寺各一部，一部赠与你，另外一部在阿罗处，如果你那部散失，可去其他处抄取。伯父无珍宝传家，只将这诗文传于你。侄儿，休要难过，我走之后，照顾好你伯母，敏中已为相，亦可从旁帮衬。孟子云：'穷则独善其身，达则兼济天下。'乐天、乐天，生天地中，七十有五年，我这一生，向儒也尽力，佛、道也尽心，生如浮云，死后只留下一空空躯壳，也算圆满！"这样几段话，白居易竟然断断续续说了很久。他的声音越来越低沉，不大一会，就双眼紧闭，气若游丝了。

灵床支起来了，一对铜龙分立大门两侧，洁白的幡布包住了门楣，远远望去，一片缟素。这个中秋，白家人从四面八方往回赶，奔着这异样的、令人忧伤的团圆。

接连几日，前来履道里祭奠、吊唁的官员、布衣、僧侣络绎不绝，人们争相来和这位才华卓绝却又率真、充满烟火气的诗人做最后的告别。

白居易
生平简表

●◎唐代宗大历七年（772）

生于河南新郑东郭宅。

●◎唐德宗贞元四年（788）

父亲白季庚大约于此时改除大理少卿、衢州别驾。白居易随父往衢州，途经苏、杭二郡。

●◎贞元九年（793）

白居易二十二岁。元稹十五岁，明经及第。刘禹锡二十二岁，登进士第。

●◎贞元十年（794）

父亲白季庚卒于襄阳官舍，临时置棺待葬于当地。

●◎贞元十五年（799）

应试于宣州。为宣州歙观察使崔衍所贡，往长安应考进士。

●◎贞元十六年（800）

在中书侍郎高郢主试下中举。外祖母陈白氏卒于徐州。

●◎贞元二十年（804）

为校书郎，迁家秦中，卜居下邽县义津乡。

●◎唐宪宗元和元年（806）

授官盩厔县尉。与王质夫、陈鸿游仙游寺，作《长恨歌》。

●◎元和二年（807）

担任京兆府进士考官，集贤院校理，授官翰林学士。弟弟行简登第。

●◎元和四年（809）

仍为左拾遗、翰林学士。作《新乐府》五十首。女金銮子生。弟行简为秘书省校书郎。

●◎元和五年（810）

改官京兆府户曹参军，仍充翰林学士，论元稹不应被贬等，宪宗未采纳。

●◎元和六年（811）

母陈氏卒于长安。白居易丁忧，退居下邽，迁祖父、祖母、父亲墓。金銮子夭折。

●◎元和十年（815）

武元衡、裴度遇刺，白居易上疏请捕杀凶手，被诬陷，贬江州司马。

●◎元和十一年（816）

在江州司马任上，作《琵琶行》等，女阿罗生。

●◎元和十三年（818）

在江州，建成庐山草堂，作《草堂记》，长兄幼文卒。十二月迁忠州刺史。

●◎元和十五年（820）

自忠州召回长安，除尚书司门员外郎。元稹为祠部郎中，知制诰。正月，宪宗暴卒。

●◎唐穆宗长庆元年（821）

在长安购得新昌里宅。河朔兵乱，朝廷派裴度率十万大军讨伐王廷凑。

●◎长庆二年（822）

为中书舍人，正月上疏论河北用兵事，未被采纳。求外任，七月，除杭州刺史，十月抵达杭州。

●◎长庆四年（824）

修筑钱塘湖堤，疏六井，作《钱塘湖石记》。冬，《白氏长庆集》五十卷编成，元稹为之作序。

●◎唐敬宗宝历二年（826）

在苏州刺史任上，以眼病肺伤请百日长假。十月，与刘禹锡同游扬州等地。冬，弟行简卒。十二月，敬宗为宦官所杀，文宗即位。

◉◎唐文宗大和元年（827）

春，返回洛阳，三月被授秘书监，赐金紫。

◉◎大和三年（829）

白居易五十八岁，罢刑部侍郎，以太子宾客分司东都。四月返回洛阳，居履道里，冬，生子阿崔。

◉◎大和九年（835）

编成《白氏文集》六十卷，送庐山东林寺收藏。

◉◎开成四年（839）

得风痹之疾，放樊素、阿蛮等妓，卖马。

◉◎唐武宗会昌二年（842）

以刑部尚书致仕。

卒于洛阳履道里宅，赠尚书右仆射，葬香山。